ENKI BILAL

LA FOIRE AUX IMMORTELS

DARGAUD EDITEUR
PARIS • BARCELONE • LAUSANNE • LONDRES • MILAN • MONTREAL • NEW YORK • STUTTGART

"L'immortalité est une
forme de dictature de la
vie sur la mort - étant
dictateur, et en vie, il
ne me reste plus qu'à
devenir immortel. Et
je le deviendrai ! dussai-je
en mourir !"

J.F. Choublanc
"Ecrits divers"
Paris 2023

Dépôt légal juin 1985 N° 8278

I S B N 2-205-01690-3
I S S N 0758-4571

Imprimé en France - Publiphotoffset 75011 Paris - en mai 1985
Printed in France

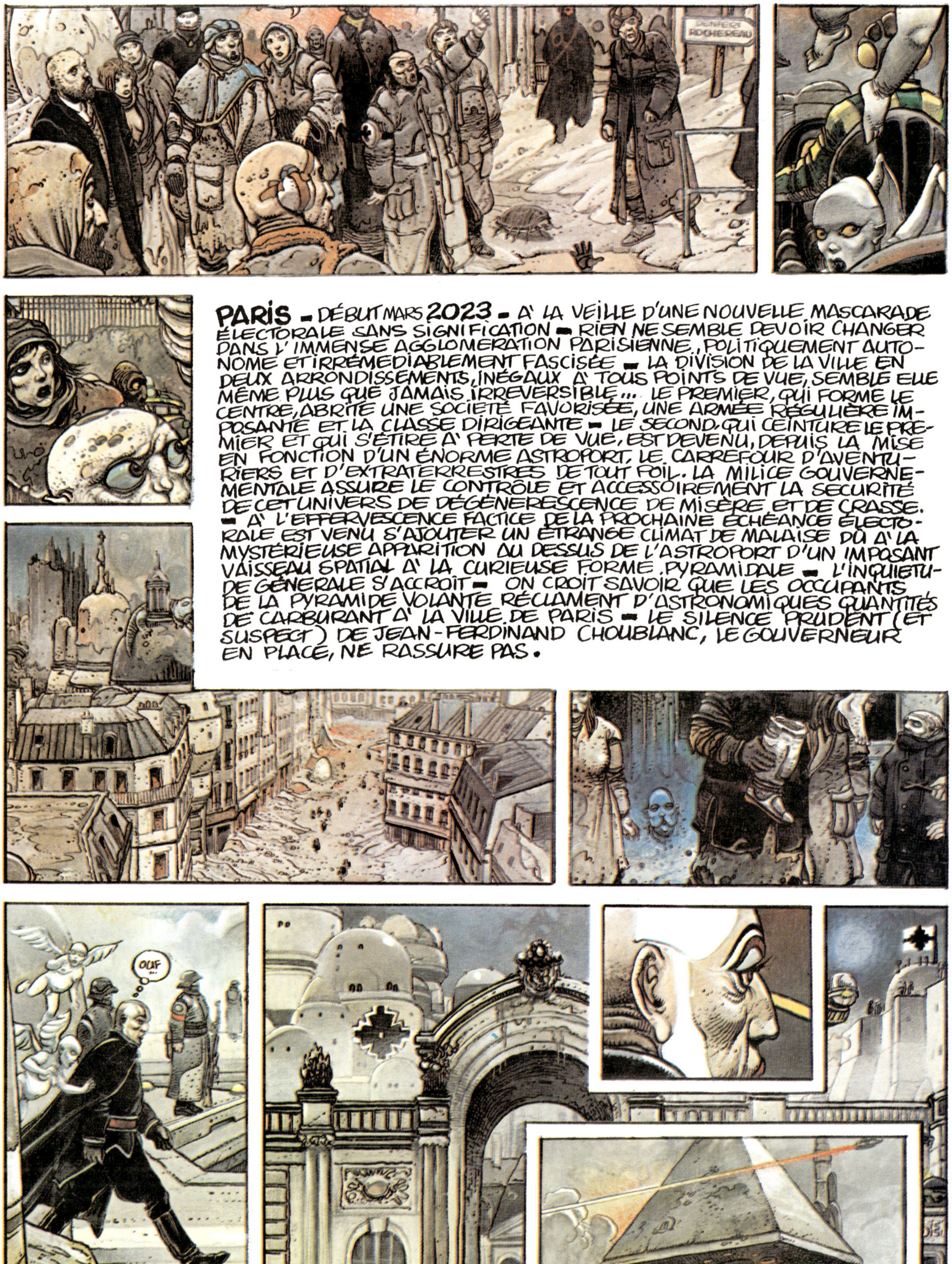
DENFERT ROCHEREAU
PARIS - DÉBUT MARS 2023 - À LA VEILLE D'UNE NOUVELLE MASCARADE ÉLECTORALE SANS SIGNIFICATION - RIEN NE SEMBLE DEVOIR CHANGER DANS L'IMMENSE AGGLOMERATION PARISIENNE, POLITIQUEMENT AUTONOME ET IRRÉMEDIABLEMENT FASCISÉE - LA DIVISION DE LA VILLE EN DEUX ARRONDISSEMENTS, INÉGAUX À TOUS POINTS DE VUE, SEMBLE ELLE MÊME PLUS QUE JAMAIS IRREVERSIBLE... LE PREMIER, QUI FORME LE CENTRE, ABRITE UNE SOCIETÉ FAVORISÉE, UNE ARMÉE RÉGULIÈRE IMPOSANTE ET LA CLASSE DIRIGEANTE - LE SECOND, QUI CEINTURE LE PREMIER ET QUI S'ÉTIRE À PERTE DE VUE, EST DEVENU, DEPUIS LA MISE EN FONCTION D'UN ÉNORME ASTROPORT, LE CARREFOUR D'AVENTURIERS ET D'EXTRATERRESTRES DE TOUT POIL. LA MILICE GOUVERNEMENTALE ASSURE LE CONTRÔLE ET ACCESSOIREMENT LA SECURITÉ DE CET UNIVERS DE DÉGÉNERESCENCE DE MISÈRE ET DE CRASSE. - À L'EFFERVESCENCE FACTICE DE LA PROCHAINE ÉCHÉANCE ÉLECTORALE EST VENU S'AJOUTER UN ÉTRANGE CLIMAT DE MALAISE DÛ À LA MYSTÉRIEUSE APPARITION AU DESSUS DE L'ASTROPORT D'UN IMPOSANT VAISSEAU SPATIAL À LA CURIEUSE FORME PYRAMIDALE - L'INQUIETUDE GÉNERALE S'ACCROÎT - ON CROIT SAVOIR QUE LES OCCUPANTS DE LA PYRAMIDE VOLANTE RÉCLAMENT D'ASTRONOMIQUES QUANTITÉS DE CARBURANT À LA VILLE DE PARIS - LE SILENCE PRUDENT (ET SUSPECT) DE JEAN-FERDINAND CHOUBLANC, LE GOUVERNEUR EN PLACE, NE RASSURE PAS.
OUF

AVENUE MATIGNON, J'ACHÈTE !!!
22000 FRS !
DANGER
J'AI LES TROIS ROUGES. JE VAIS CONSTRUIRE ...
15000, LA MAISON !
MOI J'ARRÊTE !
... MOI AUSSI ! DÉFINITIVEMENT ! CAR EN ACCEPTANT DES HUMAINS CE JEU STUPIDE NOUS COMMENÇONS À ALTÉRER NOTRE POSITION D'INTRANSIGEANCE ... CE JEAN-FERDINAND CHOUBLANC CHERCHE À NOUS CORROMPRE !
JE PARTAGE L'AVIS DE THOTH, VÉNÉRABLE ANUBIS ! CE JEU CRÉE DES BESOINS TYPIQUEMENT HUMAINS, INDIGNES DE NOTRE COMMUNAUTÉ ...
QU'EN DIS-TU BAST ?
JE CROIS QU'EN EFFET NOUS RENIONS NOTRE CONDITION EN NOUS ABAISSANT À UN COMPORTEMENT HUMAIN ...
BIEN, NOUS ALLONS LE DÉTRUIRE ... BES !?
À VOTRE SERVICE, MA SEIGNEURIE ...
BRÛLEZ CE JEU !

ET NOUS NOBLES AMIS, DIEUX PARMI LES DIEUX, PUISSANTS PARMI LES PUISSANTS, REVENONS EFFECTIVEMENT AU GRAVE PROBLÈME QUI NOUS IMMOBILISE CRUELLEMENT AU DESSUS DE CETTE LABORIEUSE CITÉ ...
NOUS SAVONS DÉJÀ QUE CE JEAN-FERDINAND CHOUBLANC, DÉRISOIRE ENTITÉ HUMAINE, NE NOUS CÉDERA PAS UNE GOUTTE DE SON CARBURANT TANT QUE NOUS PERSISTERONS À REJETER SON IGNOBLE MARCHÉ.
C'EST À CRAINDRE EN EFFET ...
QUE LES FEUX DU CIEL LE FOUDROIENT !
ATTENDONS SIMPLEMENT LE RÉSULTAT DE LEURS ÉLECTIONS... S'IL EST BATTU NOUS NÉGOCIERONS PLUS AISÉMENT AVEC LE NOUVEL ÉLU... EN ATTENDANT RESTONS SUR NOS POSITIONS ...
MONOPOLY
ET HORUS, A-T-ON RÉUSSI À LE CONTACTER... OU TOUT AU MOINS À LE LOCALISER ?
NON... RIEN DE CE CÔTÉ LÀ... ET C'EST BIEN CE QUI EST PRÉOCCUPANT ...
VLOUFFFF

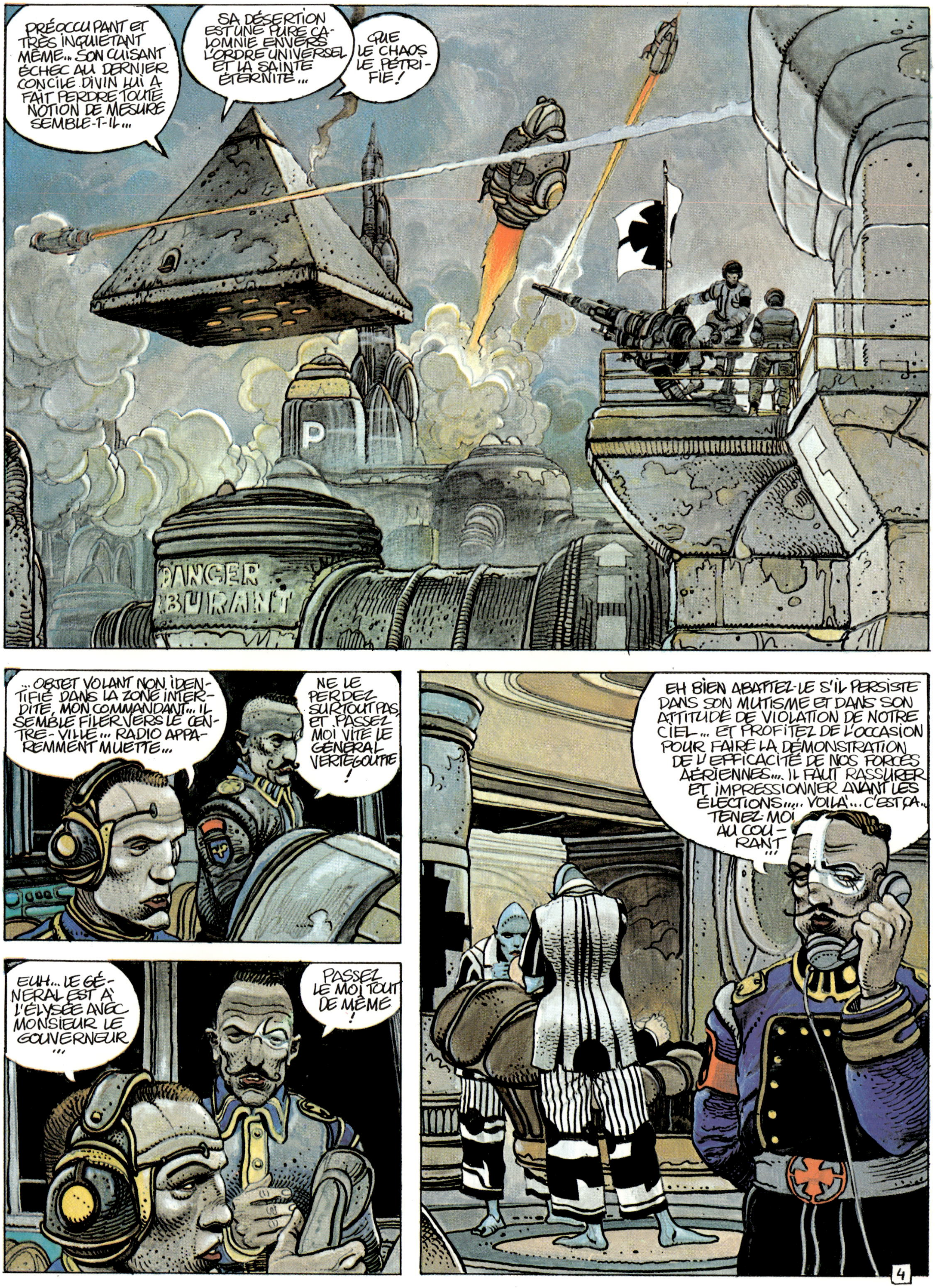
PRÉOCCUPANT ET TRÈS INQUIÉTANT MÊME... SON CUISANT ÉCHEC AU DERNIER CONCILE DIVIN LUI A FAIT PERDRE TOUTE NOTION DE MESURE SEMBLE-T-IL...
SA DÉSERTION EST UNE PURE CALOMNIE ENVERS L'ORDRE UNIVERSEL ET LA SAINTE ÉTERNITÉ...
QUE LE CHAOS LE PÉTRIFIE !
DANGER
BURANT
...OBJET VOLANT NON IDENTIFIÉ DANS LA ZONE INTERDITE, MON COMMANDANT... IL SEMBLE FILER VERS LE CENTRE-VILLE... RADIO APPAREMMENT MUETTE...
NE LE PERDEZ SURTOUT PAS, ET PASSEZ MOI VITE LE GÉNÉRAL VERTEGOUTTE !
EH BIEN ABATTEZ-LE S'IL PERSISTE DANS SON MUTISME ET DANS SON ATTITUDE DE VIOLATION DE NOTRE CIEL... ET PROFITEZ DE L'OCCASION POUR FAIRE LA DÉMONSTRATION DE L'EFFICACITÉ DE NOS FORCES AÉRIENNES... IL FAUT RASSURER ET IMPRESSIONNER AVANT LES ÉLECTIONS...... VOILÀ... C'EST ÇA... TENEZ-MOI AU COURANT...
EUH... LE GÉNÉRAL EST À L'ÉLYSÉE AVEC MONSIEUR LE GOUVERNEUR...
PASSEZ LE MOI TOUT DE MÊME !
4

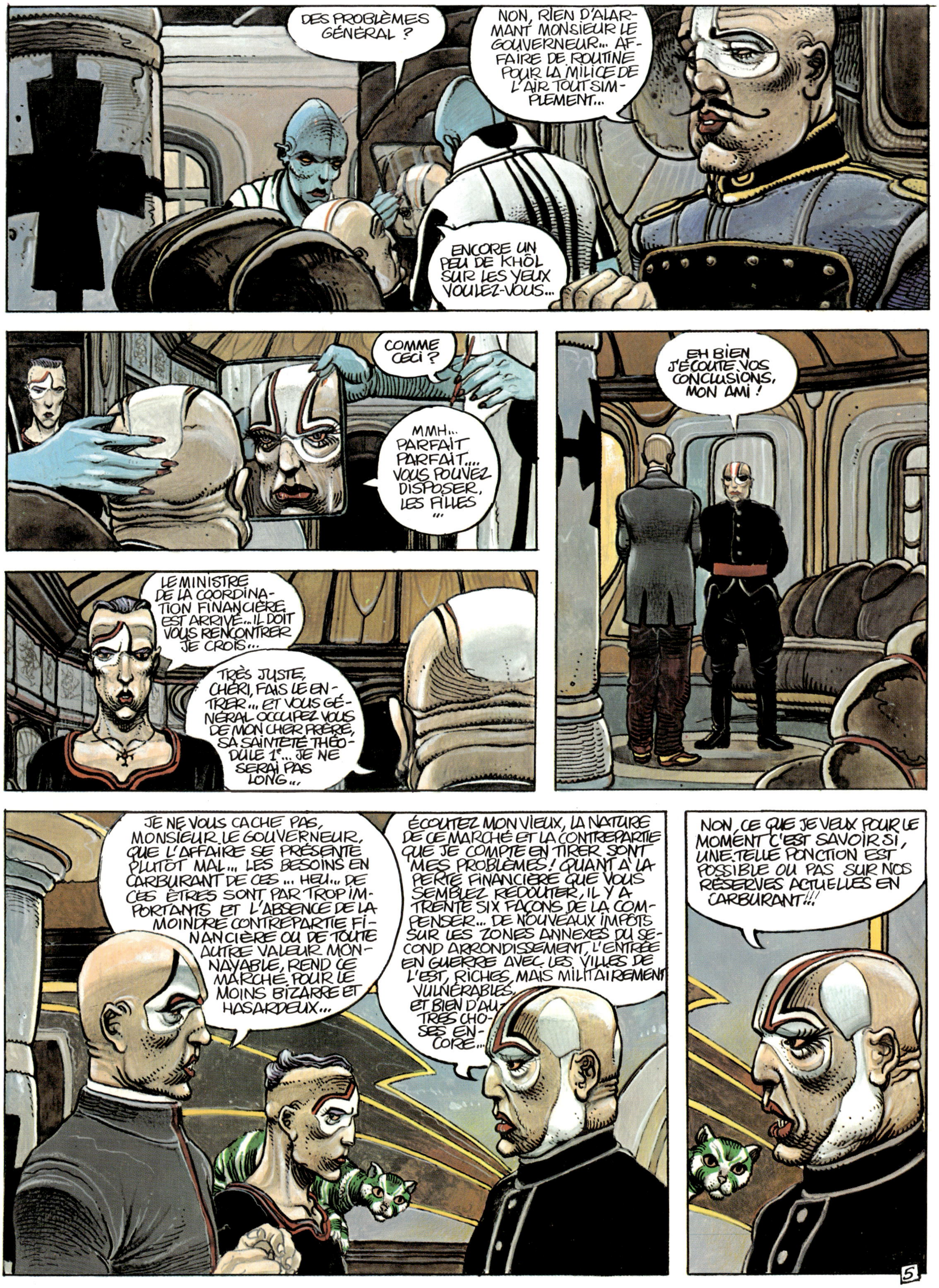
DES PROBLÈMES GÉNÉRAL ?
NON, RIEN D'ALARMANT MONSIEUR LE GOUVERNEUR... AFFAIRE DE ROUTINE POUR LA MILICE DE L'AIR TOUT SIMPLEMENT...
ENCORE UN PEU DE KHÔL SUR LES YEUX VOULEZ-VOUS...
COMME CECI ?
MMH... PARFAIT PARFAIT.... VOUS POUVEZ DISPOSER, LES FILLES ...
LE MINISTRE DE LA COORDINATION FINANCIÈRE EST ARRIVÉ... IL DOIT VOUS RENCONTRER JE CROIS...
TRÈS JUSTE, CHÉRI, FAIS LE ENTRER... ET VOUS GÉNÉRAL OCCUPEZ VOUS DE MON CHER FRÈRE, SA SAINTETÉ THÉODULE 1er... JE NE SERAI PAS LONG...
EH BIEN J'ÉCOUTE VOS CONCLUSIONS, MON AMI !
JE NE VOUS CACHE PAS, MONSIEUR LE GOUVERNEUR, QUE L'AFFAIRE SE PRÉSENTE PLUTÔT MAL... LES BESOINS EN CARBURANT DE CES ... HEU... DE CES ÊTRES SONT PAR TROP IMPORTANTS ET L'ABSENCE DE LA MOINDRE CONTREPARTIE FINANCIÈRE OU DE TOUTE AUTRE VALEUR MONNAYABLE, REND CE MARCHÉ POUR LE MOINS BIZARRE ET HASARDEUX...
ÉCOUTEZ MON VIEUX, LA NATURE DE CE MARCHÉ ET LA CONTREPARTIE QUE JE COMPTE EN TIRER SONT MES PROBLÈMES ! QUANT À LA PERTE FINANCIÈRE QUE VOUS SEMBLEZ REDOUTER, IL Y A TRENTE SIX FAÇONS DE LA COMPENSER... DE NOUVEAUX IMPÔTS SUR LES ZONES ANNEXES DU SECOND ARRONDISSEMENT, L'ENTRÉE EN GUERRE AVEC LES VILLES DE L'EST, RICHES MAIS MILITAIREMENT VULNÉRABLES, ET BIEN D'AUTRES CHOSES ENCORE...
NON, CE QUE JE VEUX POUR LE MOMENT C'EST SAVOIR SI UNE TELLE PONCTION EST POSSIBLE OU PAS SUR NOS RÉSERVES ACTUELLES EN CARBURANT !!!
5

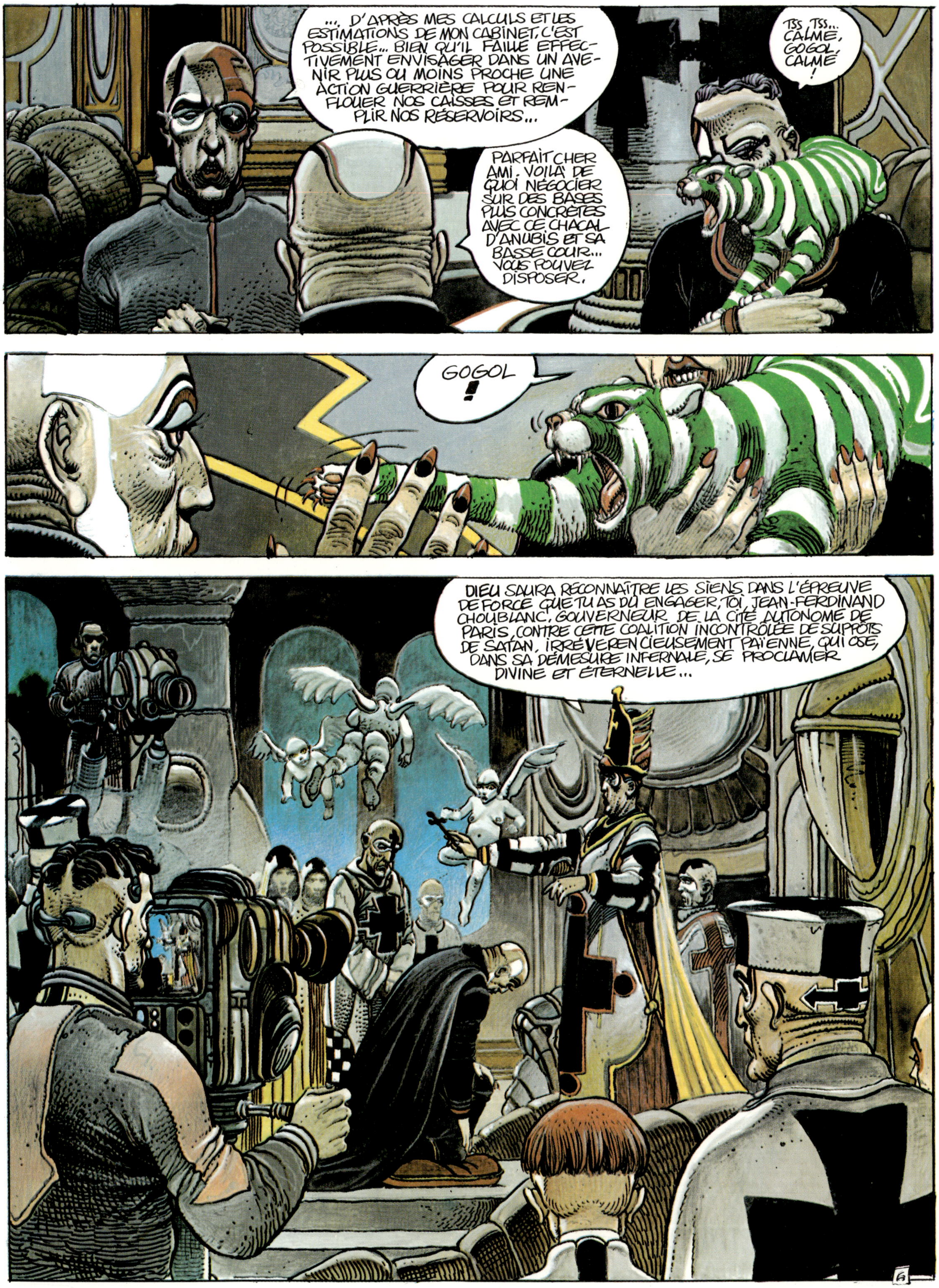
..., D'APRÈS MES CALCULS ET LES ESTIMATIONS DE MON CABINET, C'EST POSSIBLE... BIEN QU'IL FAILLE EFFECTIVEMENT ENVISAGER DANS UN AVENIR PLUS OU MOINS PROCHE UNE ACTION GUERRIÈRE POUR RENFLOUER NOS CAISSES ET REMPLIR NOS RÉSERVOIRS...
PARFAIT CHER AMI. VOILÀ DE QUOI NÉGOCIER SUR DES BASES PLUS CONCRÈTES AVEC CE CHACAL D'ANUBIS ET SA BASSE COUR... VOUS POUVEZ DISPOSER.
TSS TSS... CALME, GOGOL, CALME !
GOGOL !
DIEU SAURA RECONNAÎTRE LES SIENS DANS L'ÉPREUVE DE FORCE QUE TU AS DÛ ENGAGER, TOI, JEAN-FERDINAND CHOUBLANC, GOUVERNEUR DE LA CITÉ AUTONOME DE PARIS, CONTRE CETTE COALITION INCONTRÔLÉE DE SUPPÔTS DE SATAN, IRRÉVÉRENCIEUSEMENT PAÏENNE, QUI OSE, DANS SA DÉMESURE INFERNALE, SE PROCLAMER DIVINE ET ÉTERNELLE...

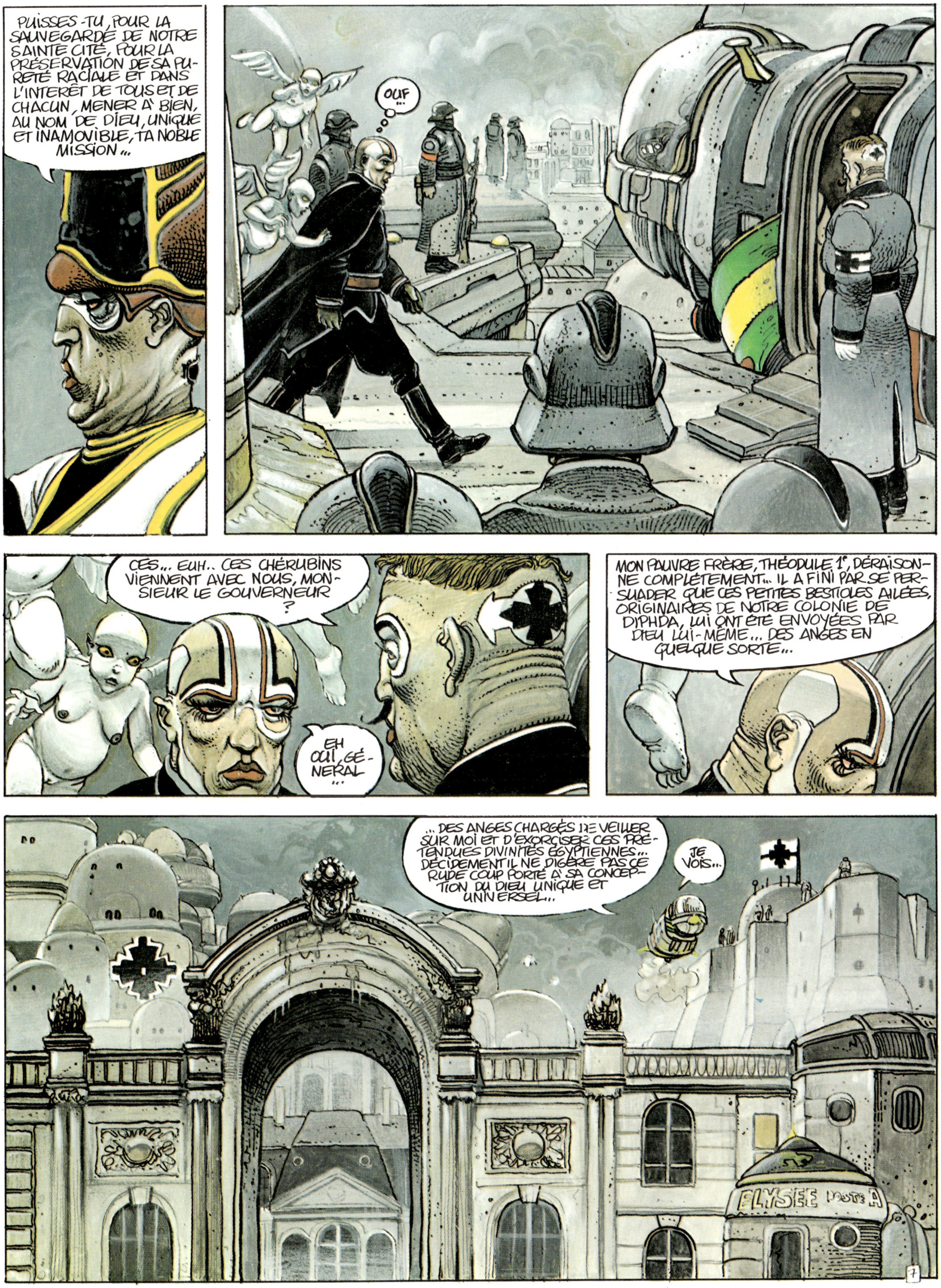
PUISSES-TU, POUR LA SAUVEGARDE DE NOTRE SAINTE CITÉ, POUR LA PRÉSERVATION DE SA PURETÉ RACIALE ET DANS L'INTÉRÊT DE TOUS ET DE CHACUN, MENER À BIEN, AU NOM DE DIEU, UNIQUE ET INAMOVIBLE, TA NOBLE MISSION...
OUF...
CES... EUH.. CES CHÉRUBINS VIENNENT AVEC NOUS, MONSIEUR LE GOUVERNEUR ?
EH OUI, GÉNÉRAL...
MON PAUVRE FRÈRE, THÉODULE 1e, DÉRAISONNE COMPLÈTEMENT... IL A FINI PAR SE PERSUADER QUE CES PETITES BESTIOLES AILÉES, ORIGINAIRES DE NOTRE COLONIE DE DIPHDA, LUI ONT ÉTÉ ENVOYÉES PAR DIEU LUI-MÊME... DES ANGES EN QUELQUE SORTE...
... DES ANGES CHARGÉS DE VEILLER SUR MOI ET D'EXORCISER CES PRÉTENDUES DIVINITÉS ÉGYPTIENNES... DÉCIDÉMENT IL NE DIGÈRE PAS CE RUDE COUP PORTÉ À SA CONCEPTION DU DIEU UNIQUE ET UNIVERSEL...
JE VOIS...
ELYSEE POSTE A

BEURK, TOUJOURS PERCHÉES SUR NOTRE TOUR EIFFEL, CES HORRIBLES SANGSUES ZUBEN'UBIENNES !!!
HÉLAS, MONSIEUR LE GOUVERNEUR...
8

...AU MÊME MOMENT, TROIS À QUATRE MILLE MÈTRES PLUS HAUT...
OBJET EN VUE À 13 H...
TU PARLES D'UN TRUC... UNE CARCASSE SPATIALE PRÉHISTORIQUE...
OUAIS... ET APPAREMMENT TOUJOURS AUSSI MUETTE...
ATTENTION JE TIRE !
VAS-Y !
3

À VOUS DE JOUER AU SOL ! DEUX PARACHUTES DONT UN TRÈS SUSPECT AU DESSUS DU 2° ARR. SUD...
QUE ÇA EST DONC ?
PERTE DU CIEL - MESSAGE D'ESPOIRANCE-T'ÊTRE ?
PEUR !
VADE RETRO !
JERÔME GARGOUILLE
MAGIE CURATIVE
ALESIA
DENFERT ROCHEREAU
10

SCRASH
CRACK
C'ALORS! IL' JAMBE COMPLÈTEMENT GLACÉE !!!
IL GIVRÉ !?
C'EST TOI QUI GIVRÉ, IL CONGELÉ L'EST!
VADE RETRO 'TANAS !!!
RÉFRIFIGÉ ...
SURGELÉ ...
E. BILAL
11

¡IL SATANIC PRODUCT! CHIURE DU DIABLE !!! VADE RET...
ROAARGH
CIEL !
QUESCE ?!?
N'OISEAU D'FEU !
C'ALORS !?!
ARGL...
'DEDIEU !!!
M'BARRE MOI...
VLOUFF
VERTUCHOU ! ÇA EST MI-RACULE !!! JE PAS CROIS MON OEIL !
Y'FLAPE, Y'VOLE !
N'PAS POSSIBLE !!!
T'TENTION ! IL MILICE'S CO-MIN' !!!

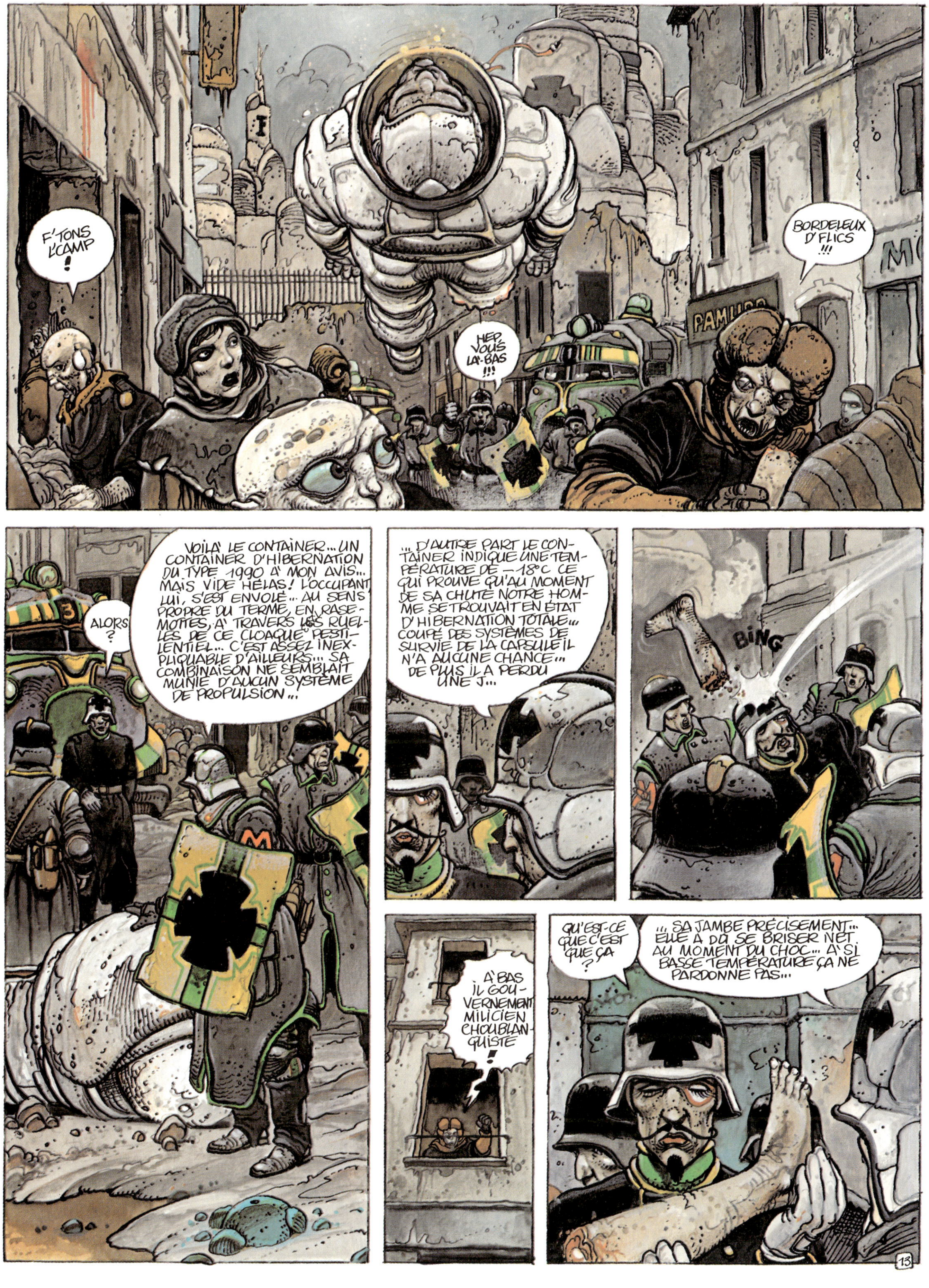
F'TONS L'CAMP !
HEP VOUS LÀ-BAS !!!
BORDELEUX D'FLICS !!!
ALORS ?
VOILÀ LE CONTAINER... UN CONTAINER D'HIBERNATION DU TYPE 1990 À MON AVIS... MAIS VIDE HÉLAS ! L'OCCUPANT LUI, S'EST ENVOLÉ... AU SENS PROPRE DU TERME, EN RASE-MOTTES, À TRAVERS LES RUELLES DE CE CLOAQUE PESTILENTIEL... C'EST ASSEZ INEXPLIQUABLE D'AILLEURS... SA COMBINAISON NE SEMBLAIT MUNIE D'AUCUN SYSTÈME DE PROPULSION...
... D'AUTRE PART LE CONTAINER INDIQUE UNE TEMPÉRATURE DE −18°C CE QUI PROUVE QU'AU MOMENT DE SA CHUTE NOTRE HOMME SE TROUVAIT EN ÉTAT D'HIBERNATION TOTALE... COUPÉ DES SYSTÈMES DE SURVIE DE LA CAPSULE IL N'A AUCUNE CHANCE... DE PLUS IL A PERDU UNE J...
BING
À BAS LE GOUVERNEMENT MILICIEN CHOUBLANQUISTE !
QU'EST-CE QUE C'EST QUE ÇA ?
... SA JAMBE PRÉCISÉMENT... ELLE A DÛ SE BRISER NET AU MOMENT DU CHOC... À SI BASSE TEMPÉRATURE ÇA NE PARDONNE PAS...
13

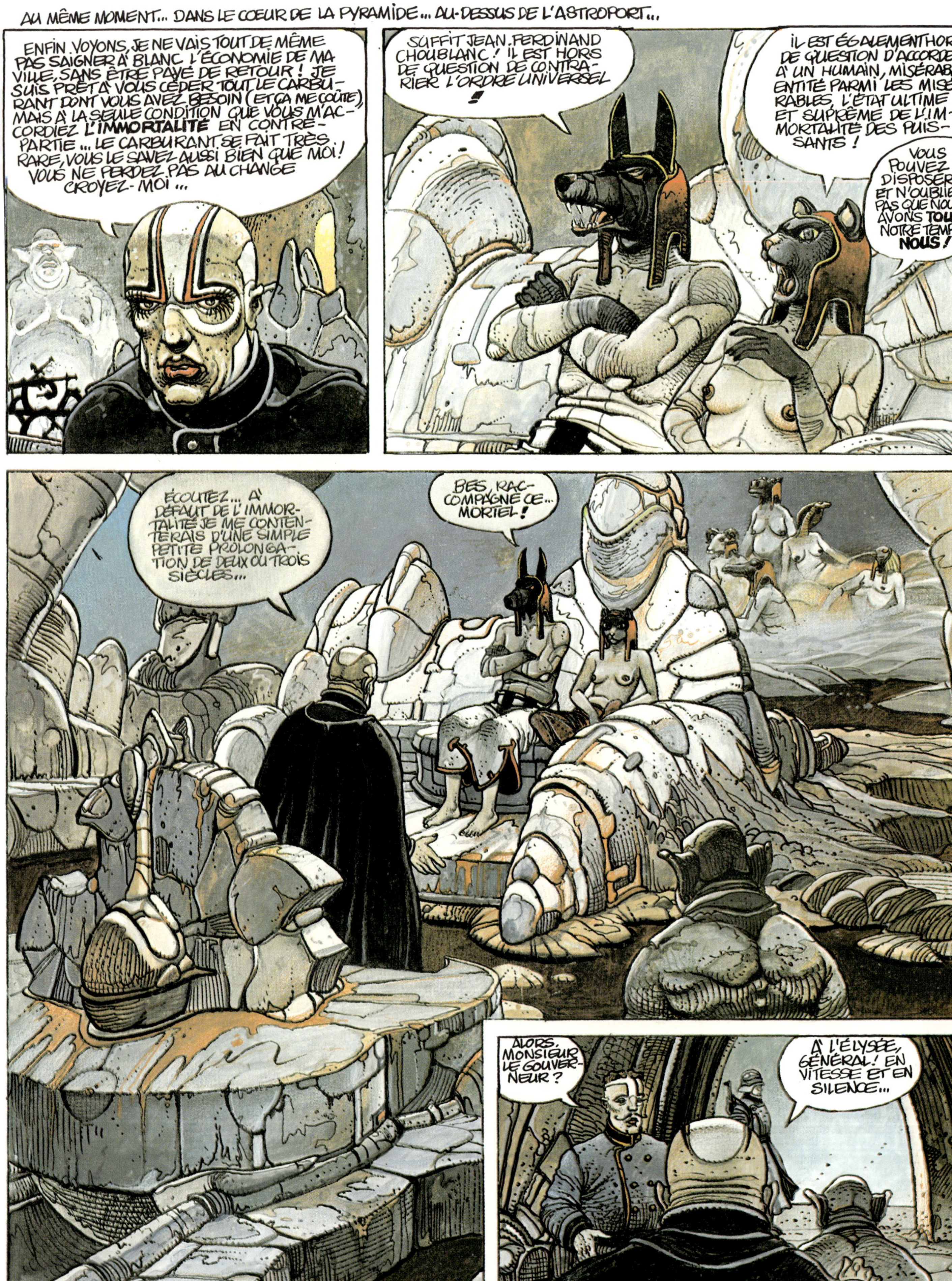
AU MÊME MOMENT... DANS LE COEUR DE LA PYRAMIDE... AU-DESSUS DE L'ASTROPORT...
ENFIN VOYONS, JE NE VAIS TOUT DE MÊME PAS SAIGNER À BLANC L'ÉCONOMIE DE MA VILLE, SANS ÊTRE PAYÉ DE RETOUR ! JE SUIS PRÊT À VOUS CÉDER TOUT LE CARBURANT DONT VOUS AVEZ BESOIN (ET ÇA ME COÛTE), MAIS À LA SEULE CONDITION QUE VOUS M'ACCORDIEZ **L'IMMORTALITÉ** EN CONTREPARTIE... LE CARBURANT SE FAIT TRÈS RARE, VOUS LE SAVEZ AUSSI BIEN QUE MOI ! VOUS NE PERDEZ PAS AU CHANGE CROYEZ-MOI...
SUFFIT JEAN-FERDINAND CHOUBLANC ! IL EST HORS DE QUESTION DE CONTRARIER L'ORDRE UNIVERSEL !
IL EST ÉGALEMENT HORS DE QUESTION D'ACCORDER À UN HUMAIN, MISÉRABLE ENTITÉ PARMI LES MISÉRABLES, L'ÉTAT ULTIME ET SUPRÊME DE L'IMMORTALITÉ DES PUISSANTS !
VOUS POUVEZ DISPOSER ! ET N'OUBLIEZ PAS QUE NOUS AVONS **TOUT** NOTRE TEMPS, **NOUS** !
ÉCOUTEZ... À DÉFAUT DE L'IMMORTALITÉ JE ME CONTENTERAIS D'UNE SIMPLE PETITE PROLONGATION DE DEUX OU TROIS SIÈCLES...
BES, RACCOMPAGNE CE... MORTEL !
ALORS, MONSIEUR LE GOUVERNEUR ?
À L'ÉLYSÉE, GÉNÉRAL ! EN VITESSE ET EN SILENCE...

REVUE DE PRESSE - PARIS 3 MARS 2023.

MÉTROPOLITAIN. LIGNE 4, PORTE D'ORLÉANS-PORTE DE CLIGNANCOURT, ABANDONNÉE EN 2012.

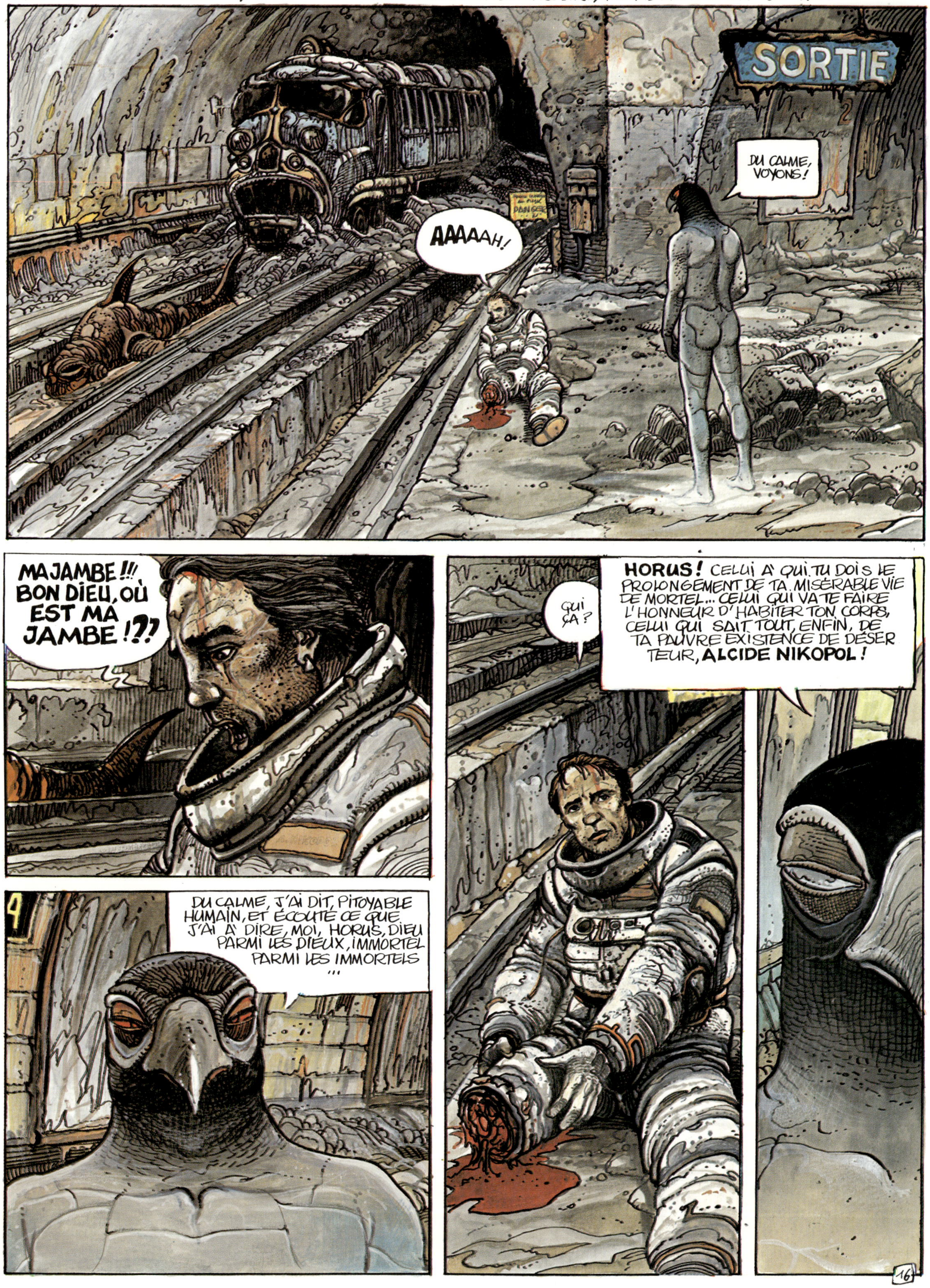

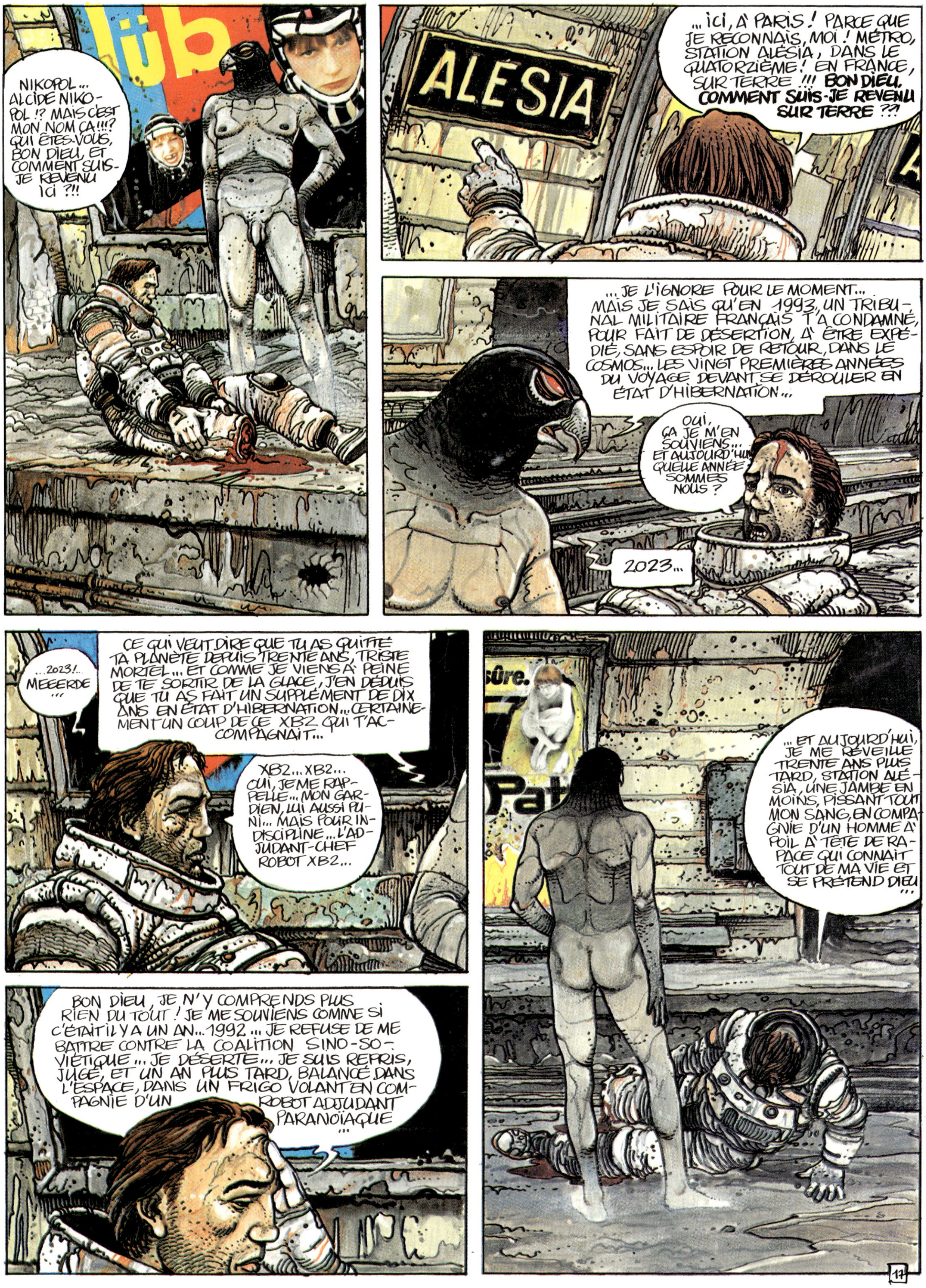
NIKOPOL... ALCIDE NIKOPOL !? MAIS C'EST MON NOM ÇA !!!? QUI ÊTES-VOUS, BON DIEU, ET COMMENT SUIS-JE REVENU ICI ?!!
ALÉSIA
... ICI, À PARIS ! PARCE QUE JE RECONNAIS, MOI ! MÉTRO, STATION ALÉSIA, DANS LE QUATORZIÈME ! EN FRANCE, SUR TERRE !!! BON DIEU, COMMENT SUIS-JE REVENU SUR TERRE ??
... JE L'IGNORE POUR LE MOMENT... MAIS JE SAIS QU'EN 1993, UN TRIBUNAL MILITAIRE FRANÇAIS T'A CONDAMNÉ, POUR FAIT DE DÉSERTION, À ÊTRE EXPÉDIÉ, SANS ESPOIR DE RETOUR, DANS LE COSMOS... LES VINGT PREMIÈRES ANNÉES DU VOYAGE DEVANT SE DÉROULER EN ÉTAT D'HIBERNATION...
OUI, ÇA JE M'EN SOUVIENS... ET AUJOURD'HUI QUELLE ANNÉE SOMMES NOUS ?
2023...
...2023 !.. MEEERDE ...
CE QUI VEUT DIRE QUE TU AS QUITTÉ TA PLANÈTE DEPUIS TRENTE ANS, TRISTE MORTEL... ET COMME JE VIENS À PEINE DE TE SORTIR DE LA GLACE, J'EN DÉDUIS QUE TU AS FAIT UN SUPPLÉMENT DE DIX ANS EN ÉTAT D'HIBERNATION... CERTAINEMENT UN COUP DE CE XB2 QUI T'ACCOMPAGNAIT...
XB2... XB2... OUI, JE ME RAPPELLE... MON GARDIEN, LUI AUSSI PUNI... MAIS POUR INDISCIPLINE... L'ADJUDANT-CHEF ROBOT XB2...
BON DIEU, JE N'Y COMPRENDS PLUS RIEN DU TOUT ! JE ME SOUVIENS COMME SI C'ÉTAIT IL Y A UN AN... 1992... JE REFUSE DE ME BATTRE CONTRE LA COALITION SINO-SOVIÉTIQUE... JE DÉSERTE... JE SUIS REPRIS, JUGÉ, ET UN AN PLUS TARD, BALANCÉ DANS L'ESPACE, DANS UN FRIGO VOLANT EN COMPAGNIE D'UN ROBOT ADJUDANT PARANOÏAQUE ...
... ET AUJOURD'HUI, JE ME RÉVEILLE TRENTE ANS PLUS TARD, STATION ALÉSIA, UNE JAMBE EN MOINS, PISSANT TOUT MON SANG, EN COMPAGNIE D'UN HOMME À POIL À TÊTE DE RAPACE QUI CONNAIT TOUT DE MA VIE ET SE PRÉTEND DIEU ...
17

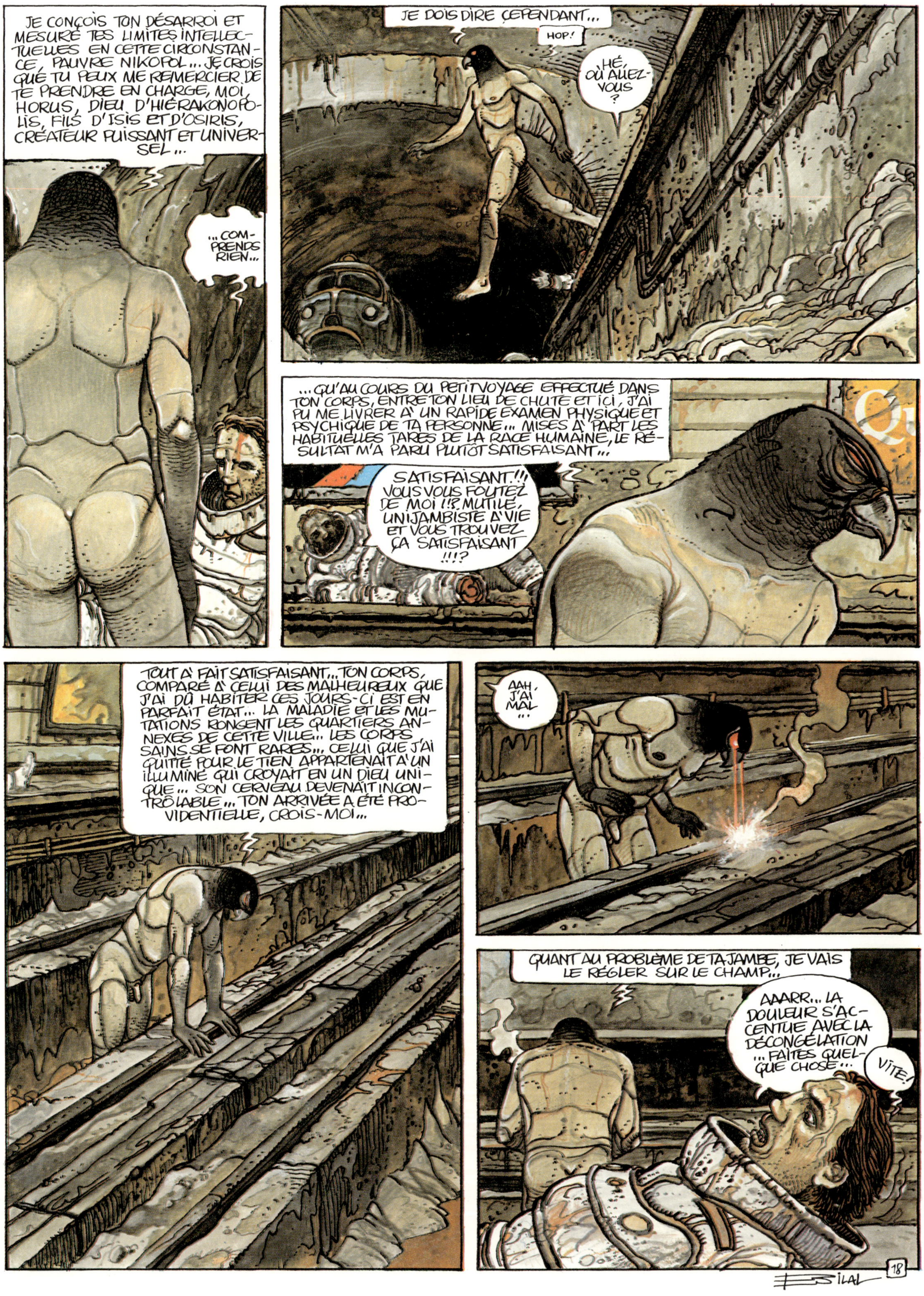

JE CONÇOIS TON DÉSARROI ET MESURE TES LIMITES INTELLECTUELLES EN CETTE CIRCONSTANCE, PAUVRE NIKOPOL... JE CROIS QUE TU PEUX ME REMERCIER DE TE PRENDRE EN CHARGE, MOI, HORUS, DIEU D'HIÉRAKONOPOLIS, FILS D'ISIS ET D'OSIRIS, CRÉATEUR PUISSANT ET UNIVERSEL...
...COMPRENDS RIEN...
JE DOIS DIRE CEPENDANT...
HOP!
HÉ, OÙ ALLEZ-VOUS ?
...QU'AU COURS DU PETIT VOYAGE EFFECTUÉ DANS TON CORPS, ENTRE TON LIEU DE CHUTE ET ICI, J'AI PU ME LIVRER À UN RAPIDE EXAMEN PHYSIQUE ET PSYCHIQUE DE TA PERSONNE... MISES À PART LES HABITUELLES TARES DE LA RACE HUMAINE, LE RÉSULTAT M'A PARU PLUTÔT SATISFAISANT...
SATISFAISANT!!! VOUS VOUS FOUTEZ DE MOI !!?. MUTILÉ, UNIJAMBISTE À VIE ET VOUS TROUVEZ ÇA SATISFAISANT !!!?
TOUT À FAIT SATISFAISANT... TON CORPS, COMPARÉ À CELUI DES MALHEUREUX QUE J'AI DÛ HABITER CES JOURS-CI EST EN PARFAIT ÉTAT... LA MALADIE ET LES MUTATIONS RONGENT LES QUARTIERS ANNEXES DE CETTE VILLE... LES CORPS SAINS SE FONT RARES... CELUI QUE J'AI QUITTÉ POUR LE TIEN APPARTENAIT À UN ILLUMINÉ QUI CROYAIT EN UN DIEU UNIQUE... SON CERVEAU DEVENAIT INCONTRÔLABLE... TON ARRIVÉE A ÉTÉ PROVIDENTIELLE, CROIS-MOI...
AAH, J'AI MAL...
QUANT AU PROBLÈME DE TA JAMBE, JE VAIS LE RÉGLER SUR LE CHAMP...
AAARR... LA DOULEUR S'ACCENTUE AVEC LA DÉCONGÉLATION ...FAITES QUELQUE CHOSE...
VITE!
18
BILAL

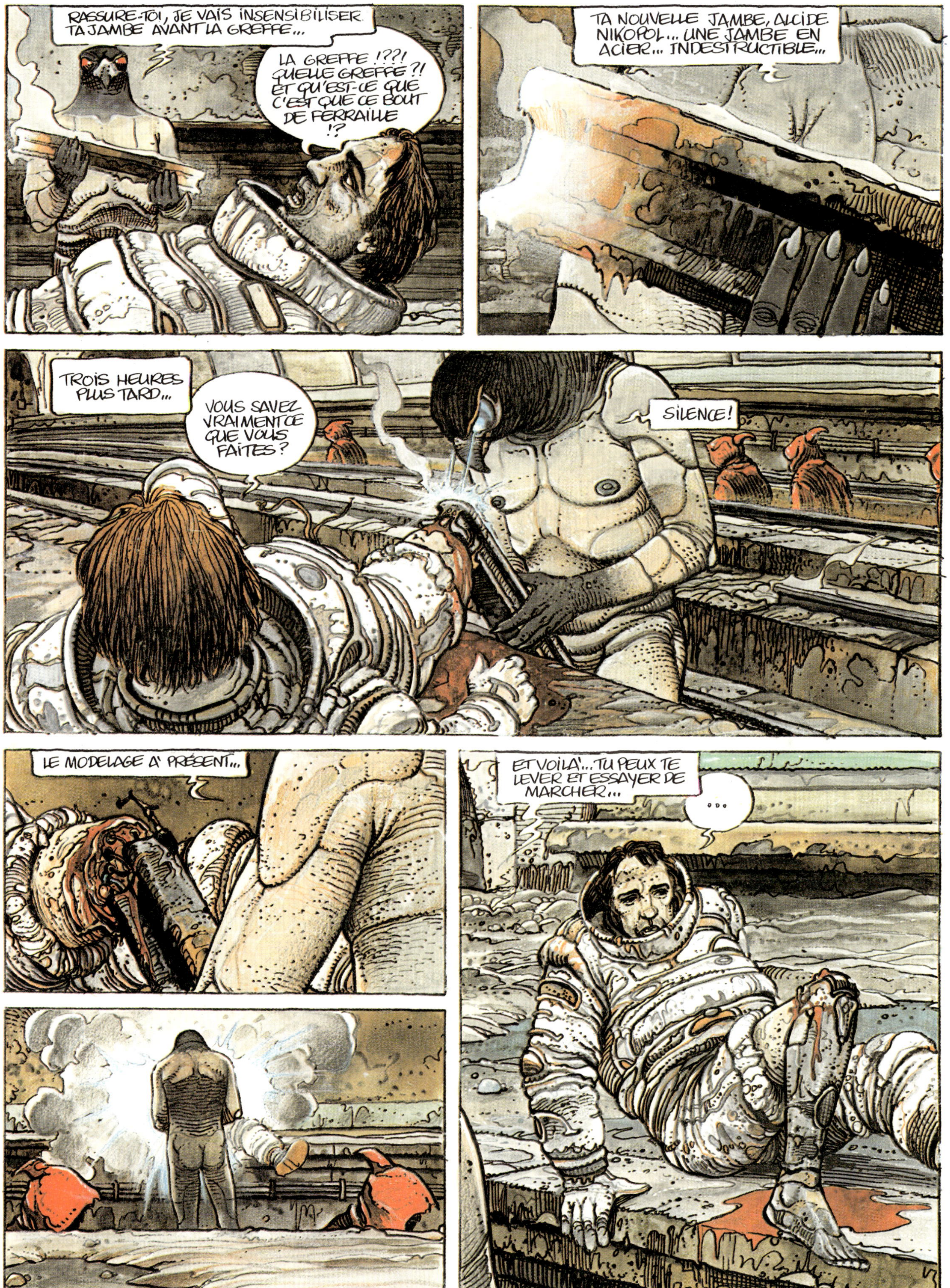

RASSURE-TOI, JE VAIS INSENSIBILISER TA JAMBE AVANT LA GREFFE...
LA GREFFE !??! QUELLE GREFFE ?! ET QU'EST-CE QUE C'EST QUE CE BOUT DE FERRAILLE !?
TA NOUVELLE JAMBE, ALCIDE NIKOPOL... UNE JAMBE EN ACIER... INDESTRUCTIBLE...
TROIS HEURES PLUS TARD...
VOUS SAVEZ VRAIMENT CE QUE VOUS FAITES ?
SILENCE !
LE MODELAGE À PRÉSENT...
ET VOILÀ!... TU PEUX TE LEVER ET ESSAYER DE MARCHER...
...
19

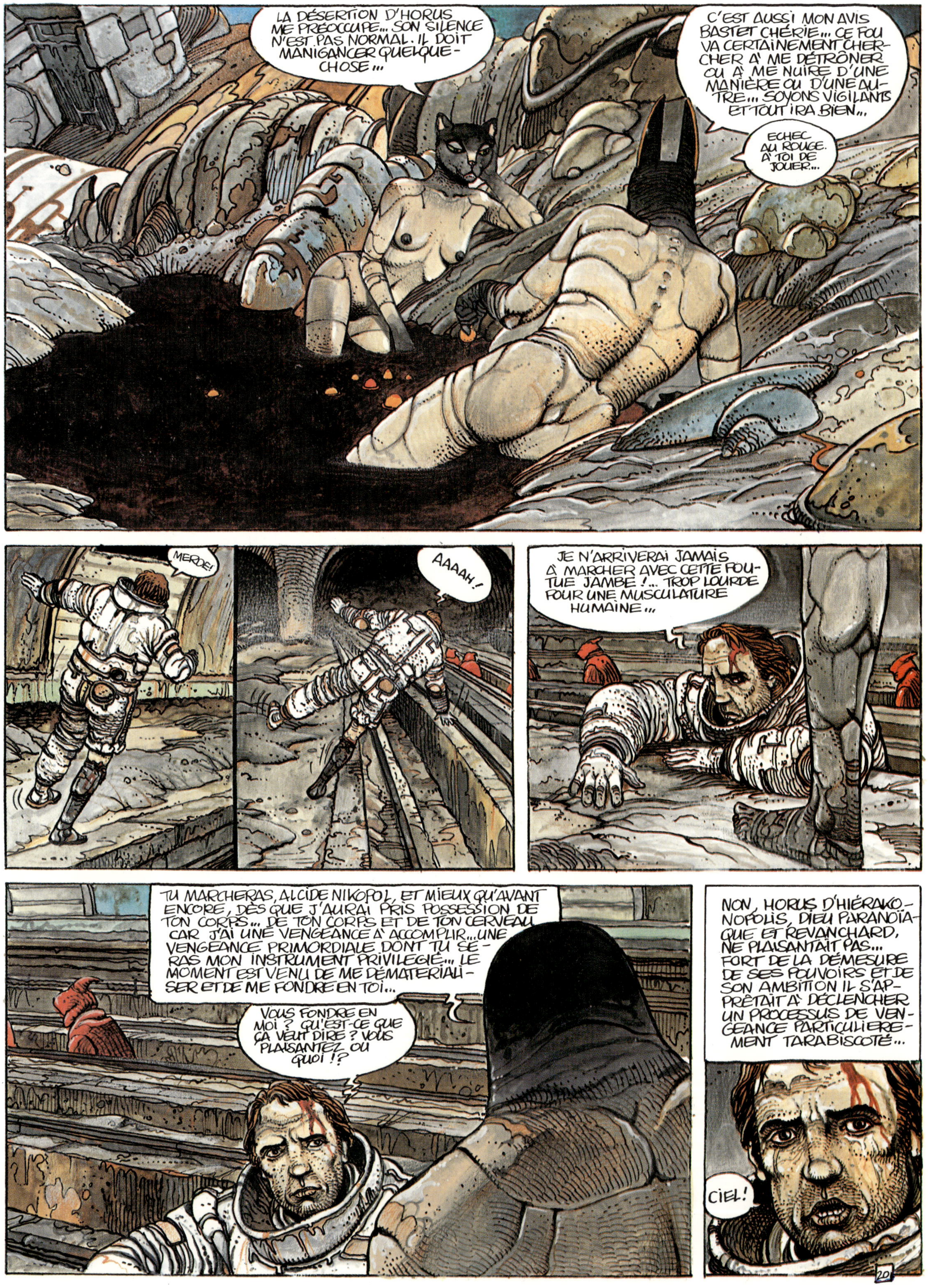
LA DÉSERTION D'HORUS ME PRÉOCCUPE... SON SILENCE N'EST PAS NORMAL. IL DOIT MANIGANCER QUELQUE-CHOSE...
C'EST AUSSI MON AVIS BASTET CHÉRIE... CE FOU VA CERTAINEMENT CHERCHER À ME DÉTRÔNER OU À ME NUIRE D'UNE MANIÈRE OU D'UNE AUTRE... SOYONS VIGILANTS ET TOUT IRA BIEN...
ECHEC AU ROUGE. À TOI DE JOUER...
MERDE!
AAAAH!
JE N'ARRIVERAI JAMAIS À MARCHER AVEC CETTE FOUTUE JAMBE !... TROP LOURDE POUR UNE MUSCULATURE HUMAINE...
TU MARCHERAS, ALCIDE NIKOPOL, ET MIEUX QU'AVANT ENCORE, DÈS QUE J'AURAI PRIS POSSESSION DE TON CORPS... DE TON CORPS ET DE TON CERVEAU CAR J'AI UNE VENGEANCE À ACCOMPLIR... UNE VENGEANCE PRIMORDIALE DONT TU SERAS MON INSTRUMENT PRIVILÉGIÉ... LE MOMENT EST VENU DE ME DÉMATÉRIALISER ET DE ME FONDRE EN TOI...
VOUS FONDRE EN MOI ? QU'EST-CE QUE ÇA VEUT DIRE ? VOUS PLAISANTEZ OU QUOI !?
NON, HORUS D'HIÉRAKONPOLIS, DIEU PARANOÏAQUE ET REVANCHARD, NE PLAISANTAIT PAS... FORT DE LA DÉMESURE DE SES POUVOIRS ET DE SON AMBITION IL S'APPRÊTAIT À DÉCLENCHER UN PROCESSUS DE VENGEANCE PARTICULIÈREMENT TARABISCOTÉ...
CIEL!
20

C'EST AINSI QU'EUT LIEU, LE 3 MARS 2023, MÉTRO ALÉSIA, LA PRISE DU CORPS D'ALCIDE NIKOPOL PAR HORUS D'HIERAKONOPOLIS..

TOUT EST PRÊT GÉNÉRAL. LE FAUTEUIL DU GOUVERNEUR SAUTERA CE SOIR À 21 HEURES PRÉCISES, PEU AVANT LA MI-TEMPS ...
TRÈS BIEN MON AMI, TRÈS BIEN... VOUS AVEZ BIEN TENU COMPTE DE MA PRÉSENCE AU CÔTÉ DU GOUVERNEUR AU MOMENT DE L'EXPLOSION!?
RASSUREZ-VOUS GÉNÉRAL, IL NE S'AGIRA PAS VÉRITABLEMENT D'UNE EXPLOSION... J'AI PU ME PROCURER PAR UN DES PASSEURS ALPHÉRATZIENS DE L'ASTROPORT DU VARECH DE FOMALH-AUT... UNE SIMPLE ÉTINCELLE ÉLECTRIQUE SUFFIT À RENDRE CETTE SUBSTANCE MORTELLEMENT MULTIPLICATRICE D'ÉNERGIE... LE GOUVERNEUR SERA ASSIS CE SOIR SUR UNE SORTE DE CHAISE ÉLECTRIQUE... VOUS, VOUS NE RISQUEZ RIEN GÉNÉRAL...
BIEN.
MES OFFICIERS ET LEURS HOMMES SERONT PRÊTS ÉGALEMENT... ET DES CE SOIR LE POUVOIR AURA CHANGÉ DE MAINS... CHER AMI, CELA SE FÊTE! UN VIEUX COGNAC?
IL M'EST VRAIMENT PRÉCIEUX, MAIS DIEU QU'IL EST LAID...
NON MERCI, JAMAIS D'ALCOOL.
AMT.
IL VA FALLOIR VITE TE TROUVER D'AUTRES VÊTEMENTS... ON VA SE FAIRE REPÉRER AVEC TA COMBINAISON...
BON SANG, QU'EST CE QUE ÇA A CHANGÉ, PARIS...
NORMAL, APRÈS TRENTE ANS ET DEUX GUERRES NUCLÉAIRES...
TOUT DE MÊME... ÇA FAIT UN CHOC...
22

TOUJOURS AU MÊME MOMENT, MAIS À L'ÉLYSÉE, DANS LA SALLE DE BAINS...
TON C IEUX FAUVE TÉLÉPATHE NE M'AIME DÉCIDÉMENT PAS... MAIS PARADOXALEMENT, C'EST LUI QUI ME SAUVE LA VIE...
TSS, TSS, CALME GOGOL, CALME!
OUI... IL A LE CERVEAU ADROIT ET L'OREILLE FINE... GRÂCE À LUI, LE COMPLOT SERA DÉJOUÉ CE SOIR... LE SERVICE DE LA SÛRETÉ OPÈRE EN CE MOMENT MÊME DANS CE SENS... JE ME CHARGERAI, QUANT À MOI DES OPÉRATIONS D'ÉPURATION ET DE RESTRUCTURATION DE LA MILICE...
CALME, GOGOL!
... JE NE M'ATTENDAIS TOUT DE MÊME PAS À ÇA DE LA PART DE VERTEGOUTTE...
AH LE CHIEN!
HEEEE
GOGOL !!!
JOIGNONS-NOUS À CE CORTÈGE D'ENTERREMENT GUIGNOLESQUE... ON TROUVERA BIEN DE QUOI TE VÊTIR SUR L'UN DE CES TRISTES MORTELS...
DE MIEUX EN MIEUX, ICI... LE SUPERMARCHÉ OÙ JE FAISAIS MES COURSES EST DEVENU CIMETIÈRE...
CE TYPE, DEVANT, DEVRAIT FAIRE L'AFFAIRE... IL A À PEU PRÈS TA TAILLE...
JE VOUS PRÉVIENS QUE J'AI HORREUR D'EMPLOYER LA VIOLENCE...
A BAS IL CHOUBLANQUISME FASCISTIQUE
TU EMPLOIERAS CE QUE JE TE DICTERAI, AU MOMENT OÙ JE LE VOUDRAI... N'OUBLIE PAS QUE J'AI LE POUVOIR DE DÉCONNECTER TES CELLULES CÉRÉBRALES, NIKOPOL!
VOUS ÊTES IGNOBLE!
JE SAIS...
BILAL 23

ALIMENTATION
TIENS, IL QUITTE LE CORTÈGE ...
NORMAL... JE VIENS DE LE LUI ORDONNER !
ESCALATOR
ELECT
ALLEE 1
ABOS
WC
MESSIEURS
PROD
JE VOUS EN PRIE C'EST TOUT NATUREL
JE TE SENS CONTRACTÉ, NIKOPOL... TU AS PEUR DE MOI, N'EST-CE PAS?
JE N'APRÉCIE NI VOS POUVOIRS NI VOS MANIÈRES... ET ENCORE MOINS DE VOUS SAVOIR EN MOI...
DE PLUS LE TYPE DONT JE PORTE LES VÊTEMENTS ÉTAIT COUVERT DE PLAQUES ROUGES... JE NE TIENS PAS À ÉCOPER EN PLUS D'UNE MALADIE INCURABLE ...
MERCI MON BRAVE !
TU VOIS NIKOPOL, À L'AMIABLE... SANS VIOLENCE ET SANS UNE GOUTTE DE SANG...
VOUS L'AVEZ HYPNOTISÉ ?
EN QUELQUE SORTE...
24

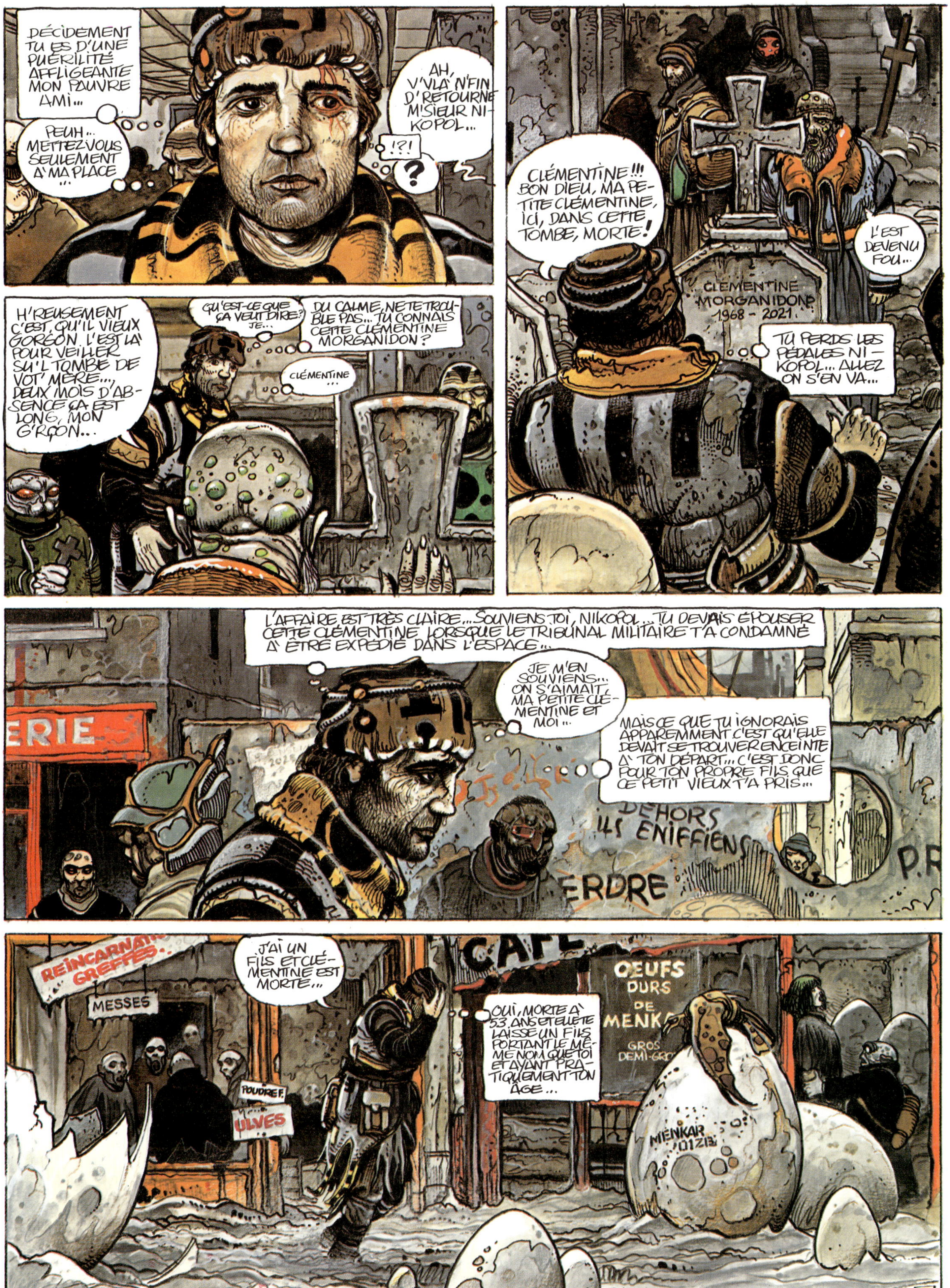
DÉCIDEMENT TU ES D'UNE PUÉRILITÉ AFFLIGEANTE MON PAUVRE AMI...
PEUH... METTEZ VOUS SEULEMENT À MA PLACE ...
AH, V'VLÀ N'FIN D'RETOURNÉ M'SIEUR NIKOPOL...
!?!
?
CLÉMENTINE!!! BON DIEU, MA PETITE CLÉMENTINE, ICI, DANS CETTE TOMBE, MORTE!
L'EST DEVENU FOU...
CLÉMENTINE MORGANIDON 1968 - 2021
H'REUSEMENT C'EST, QU'IL VIEUX GORGON. L'EST LÀ POUR VEILLER SU'L TOMBE DE VOT' MÈRE..., DEUX MOIS D'ABSENCE ÇA EST LONG, MON G'RÇON...
QU'EST-CE QUE ÇA VEUT DIRE? JE...
DU CALME, NE TE TROUBLE PAS... TU CONNAIS CETTE CLÉMENTINE MORGANIDON?
CLÉMENTINE ...
TU PERDS LES PÉDALES NIKOPOL... ALLEZ ON S'EN VA...
L'AFFAIRE EST TRÈS CLAIRE... SOUVIENS TOI, NIKOPOL... TU DEVAIS ÉPOUSER CETTE CLÉMENTINE LORSQUE LE TRIBUNAL MILITAIRE T'A CONDAMNÉ À ÊTRE EXPÉDIÉ DANS L'ESPACE...
JE M'EN SOUVIENS... ON S'AIMAIT, MA PETITE CLÉMENTINE ET MOI...
MAIS CE QUE TU IGNORAIS APPAREMMENT C'EST QU'ELLE DEVAIT SE TROUVER ENCEINTE À TON DÉPART... C'EST DONC POUR TON PROPRE FILS QUE CE PETIT VIEUX T'A PRIS...
ERIE
DEHORS LES ENIFFIENS
ERDRE
REINCARNATI GREFFES.
MESSES
POUDRE F.
ULVES
J'AI UN FILS ET CLÉMENTINE EST MORTE...
CAFE
OEUFS DURS DE MENKA GROS DEMI-GRO
OUI, MORTE À 53 ANS ET ELLE TE LAISSE UN FILS PORTANT LE MÊME NOM QUE TOI ET AYANT PRATIQUEMENT TON ÂGE...
MENKAR 01ZB
25

LA NUIT TOMBA BIEN VITE COMME DURANT TOUS LES MOIS DE MARS DEPUIS QUELQUES ANNÉES... UNE NUIT TRISTE ET DOULOUREUSE, ACCOMPAGNÉE D'UNE ABONDANTE ET ÉTRANGE GIBOULÉE DE NEIGE VERDÂTRE ... LE DÉSARROI D'ALCIDE NIKOPOL ÉTAIT PLUS PROFOND QUE JAMAIS...
VOILÀ LE POSTE-FRONTIÈRE... AU-DELÀ C'EST LE PREMIER ARRONDISSEMENT... L'ARRONDISSEMENT DU PRIVILÈGE ET DE LA LÉGALITÉ...
M'EN FOUS ...
PAS MOI NIKOPOL, PAS MOI...
POSTE
IV
MONTPARNASSE
ON VA SE DÉBARRASSER VITE FAIT DE LA SENTINELLE, PUIS ON FERA IMPLOSER L'ORDINATEUR D'ENREGISTREMENT ET L'APPAREIL DÉSINTÉGRATEUR...
RIEN QUE ÇA ...
BIÈRE LUXE
...COMME ÇA ?
PARFAIT!
PSHIIIIII
AAAH!!!
PAPIERS! CARTE MAGNÉTIQUE DE PASSAGE...
MAIS BIEN SÛR!
REGARDE-LE DROIT DANS LES YEUX NIKOPOL!
MONTPAR
CONTROL
26

ALLONS, NIKOPOL... IL N'Y A PLUS QU'À FAIRE SAUTER LE DÉSINTÉGRATEUR ET À SE CHANGER EN MILICIEN...
DESINTEGRATORSK
NGER
NTROL
RAS LE BOL! J'AI MAL À LA TÊTE ET LES YEUX QUI FUMENT...
ÇA VA MIEUX?
JE VAIS CHANGER DE TENUE COMBIEN DE FOIS PAR JOUR, COMME ÇA?...
AUTANT DE FOIS QU'IL LE FAUDRA... POUR LE MOMENT ON SUIT LA FOULE... DIRECTION LE TEMPLE DES SPORTS ET DES CONGRÈS...
ODEON
AH BON...
...ET C'EST DONC ÇA L'ÉLITE PRIVILÉGIÉE DU PREMIER ARRONDISSEMENT?
OUI... LE TOUT-PARIS EN QUELQUE SORTE... TU AS SANS DOUTE REMARQUÉ L'ABSENCE DE FEMMES DANS CE CARNAVAL GROUILLANT... LA PLUPART EN ÂGE DE REPRODUIRE SONT AFFECTÉES D'OFFICE DANS LE CENTRE DE NATALITÉ SAINT-SAUVEUR, UNE ESPÈCE DE GIGANTESQUE CLINIQUE SOUTERRAINE, SINISTREMENT ASEPTISÉE, AUX CADENCES D'ACCOUCHEMENT SCIENTIFIQUEMENT ACCÉLÉRÉES... LA PROGRAMMATION DOIT PRÉVOIR QUELQUE CHOSE COMME 80% D'ENFANTS MÂLES... TOUS DESTINÉS AUX ARMÉES GOUVERNEMENTALES... TA RACE EST D'UNE STUPIDITÉ RARE ET D'UN SEXISME AFFLIGEANT, NIKOPOL...
BAH... NOS TARES SÉCULAIRES N'ONT FAIT QUE S'ACCENTUER FINALEMENT...
27

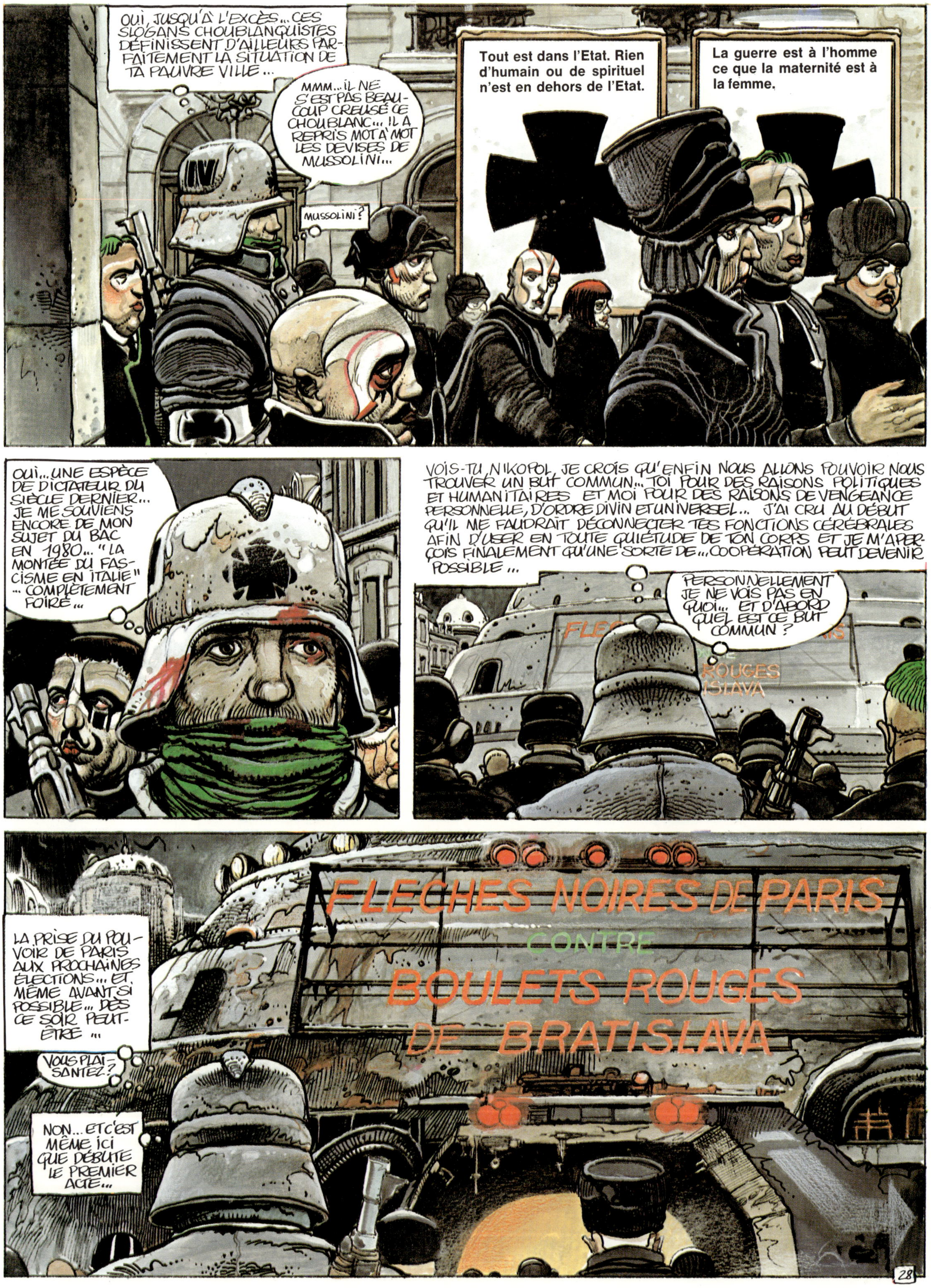
OUI, JUSQU'À L'EXCÈS... CES SLOGANS CHOUBLANQUISTES DÉFINISSENT D'AILLEURS PARFAITEMENT LA SITUATION DE TA PAUVRE VILLE...
MMM... IL NE S'EST PAS BEAUCOUP CREUSÉ CE CHOUBLANC... IL A REPRIS MOT À MOT LES DEVISES DE MUSSOLINI...
Tout est dans l'Etat. Rien d'humain ou de spirituel n'est en dehors de l'Etat.
La guerre est à l'homme ce que la maternité est à la femme.
MUSSOLINI?
OUI... UNE ESPÈCE DE DICTATEUR DU SIÈCLE DERNIER... JE ME SOUVIENS ENCORE DE MON SUJET DU BAC EN 1980... "LA MONTÉE DU FASCISME EN ITALIE" ... COMPLÈTEMENT FOIRÉ...
VOIS-TU, NIKOPOL, JE CROIS QU'ENFIN NOUS ALLONS POUVOIR NOUS TROUVER UN BUT COMMUN... TOI POUR DES RAISONS POLITIQUES ET HUMANITAIRES ET MOI POUR DES RAISONS DE VENGEANCE PERSONNELLE, D'ORDRE DIVIN ET UNIVERSEL... J'AI CRU AU DÉBUT QU'IL ME FAUDRAIT DÉCONNECTER TES FONCTIONS CÉRÉBRALES AFIN D'USER EN TOUTE QUIÉTUDE DE TON CORPS ET JE M'APERÇOIS FINALEMENT QU'UNE SORTE DE... COOPÉRATION PEUT DEVENIR POSSIBLE...
PERSONNELLEMENT JE NE VOIS PAS EN QUOI... ET D'ABORD QUEL EST CE BUT COMMUN?
FLECHES NOIRES DE PARIS
CONTRE
BOULETS ROUGES
DE BRATISLAVA
LA PRISE DU POUVOIR DE PARIS AUX PROCHAINES ÉLECTIONS... ET, MÊME AVANT SI POSSIBLE... DÈS CE SOIR PEUT-ÊTRE...
VOUS PLAISANTEZ?
NON... ET C'EST MÊME ICI QUE DÉBUTE LE PREMIER ACTE...
28

PLUS VITE, MESSIEURS. LE DISCOURS DU GOUVERNEUR VA COMMENCER !
HEP, SERGENT, OÙ ALLEZ-VOUS ?
MERDE ! ON EST COINCÉS ! QU'EST-CE QUE JE FAIS ?...
DU CALME...
J'AI ORDRE DE RENFORCER LA SÉCURITÉ AUX ABORDS DES VESTIAIRES...
ON VA SE PLACER DANS LE TUNNEL D'ACCÈS À LA PATINOIRE... J'AI UNE PETITE IDÉE...
UNE PATINOIRE !? QU'EST-CE QUE ÇA VEUT DIRE ?
PATIENCE NIKOPOL...
TINOIRE
FIERS AMIS PARISIENS ! À QUELQUES JOURS DE L'OUVERTURE OFFICIELLE DE LA CAMPAGNE ÉLECTORALE QUI, JE N'EN DOUTE PAS CONFIRMERA L'ÉCLATANTE SANTÉ DE L'IDÉOLOGIE FASCISTE EN PLACE, CE SONT LES FORCES VIVES DE NOTRE JEUNESSE QUI CHERCHERONT À AFFIRMER ET À IMPOSER L'IMAGE DE LA PUISSANCE ET DE LA VITALITÉ DE LA NOUVELLE RACE PARISIENNE...
FORCE
29

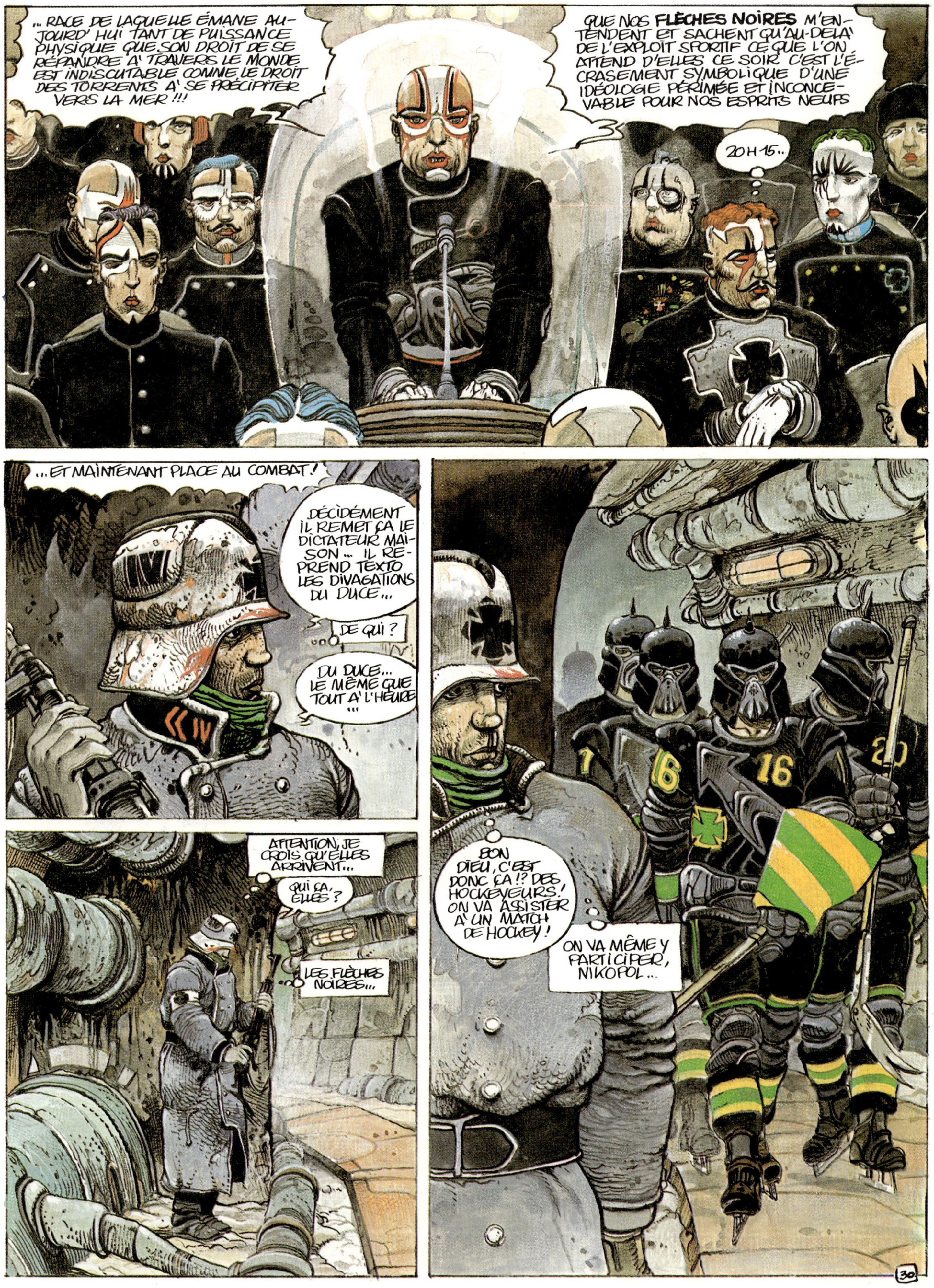
... RACE DE LAQUELLE ÉMANE AUJOURD'HUI TANT DE PUISSANCE PHYSIQUE QUE SON DROIT DE SE RÉPANDRE À TRAVERS LE MONDE EST INDISCUTABLE COMME LE DROIT DES TORRENTS À SE PRÉCIPITER VERS LA MER !!!
QUE NOS **FLÈCHES NOIRES** M'ENTENDENT ET SACHENT QU'AU-DELÀ DE L'EXPLOIT SPORTIF CE QUE L'ON ATTEND D'ELLES CE SOIR C'EST L'ÉCRASEMENT SYMBOLIQUE D'UNE IDÉOLOGIE PÉRIMÉE ET INCONCEVABLE POUR NOS ESPRITS NEUFS
20 H 15..
... ET MAINTENANT PLACE AU COMBAT !
DÉCIDÉMENT IL REMET ÇA LE DICTATEUR MAISON... IL REPREND TEXTO LES DIVAGATIONS DU DUCE...
DE QUI ?
DU DUCE... LE MÊME QUE TOUT À L'HEURE ...
ATTENTION, JE CROIS QU'ELLES ARRIVENT...
QUI ÇA, ELLES ?
LES FLÈCHES NOIRES...
BON DIEU, C'EST DONC ÇA !? DES HOCKEYEURS ! ON VA ASSISTER À UN MATCH DE HOCKEY !
ON VA MÊME Y PARTICIPER, NIKOPOL...
30

QUOI !!?
... AVEC L'ÉQUIPE DES BOULETS ROUGES...
MAIS C'EST ABSURDE !!! JE NE SAIS NI PATINER NI JOUER... ET APRÈS TRENTE ANS PASSÉS DANS LA GLACE JE N'ÉPROUVE AUCUNE ENVIE DE...
DU CALME NIKOPOL ! LES VOILÀ...
ЧССР
UN RETARDATAIRE... PARFAIT...
ЧТО ЭТ...
MAINTENANT TU SAIS CE QUI TE RESTE À FAIRE...
PFFUU
31

20H38
PLUS QUE 22 MINUTES, HEHÉ...
FLÈCHES NOIRES DE PARIS 2, BOULETS ROUGES DE BRATISLAVA 0
20H45
ENCORE UN QUART D'HEURE ...
FLÈCHES NOIRES 3, BOULETS ROUGES 0 ET UN BLESSÉ GRAVE
20H56
DANS QUATRE MINUTES ...
FLÈCHES NOIRES 3, UN BLESSÉ (ÉTAT CRITIQUE), BOULETS ROUGES 1, UN MORT ET DEUX BLESSÉS (DONT UN GRAVE).
AARGH !!!
32

20 H 59 MIN 52 SEC
7, 6, 5, 4...
3, 2, 1...
...ZÉRO...
AAAAH
PAUVRE IMBÉCILE...
21 H 07. LE COMBAT MOMENTANÉMENT INTERROMPU PEUT REPRENDRE... LES BOULETS ROUGES, COMPLÈTEMENT DÉCIMÉS, LANCENT LES DERNIERS REMPLAÇANTS DANS LA BATAILLE...
ZVYTĚZTE NEBO ZEMŘETE!!!
JE VAIS TE DÉCONNECTER, NIKOPOL... POUR PLUS DE SÉCURITÉ
J'AIME AUTANT FINALEMENT...
BILAL 79

21H19... RENVERSEMENT TOTAL DE SITUATION ET DE SCORE DANS UN SILENCE DE STUPEUR ET DE GLACE ...
CE 23, BORDEL!!! IL FAUT LE DESCENDRE !!!
F.N. PARIS — B.R. BRATISL.
3 4
BUTEURS N° 12-9-9
BLESSÉS N° 17-11-8-4
DECEDÉS N° 13-6-14-9
BUTEURS N. 11.23 23 23
BLESSÉS N. 6 14-11-5-21
DECEDES N.
MORT!
MAIS COMMENT DESCENDRE UN DIEU DOTÉ DE POUVOIRS SURPUISSANTS ET, CE QUI NE GÂTE RIEN, D'UNE JAMBE EN ACIER LOURD...
JEU STUPIDE MAIS ASSEZ PRENANT EN FIN DE COMPTES...
KLING
CE 23 M'INTRIGUE... IL Y A QUELQUE CHOSE D'INHUMAIN DANS SON COMPORTEMENT...
OUI, SA FORCE EST EN EFFET PEU COMMUNE ET INCOMPATIBLE AVEC LES RACES MINABLES D'ICI-BAS ...
JE ME DEMANDE SI LE FÉLON HORUS N'A PAS OUTREPASSÉ SES DROITS EN PRENANT POSSESSION DU CORPS D'UN HUMAIN... UNE PROFONDE INTUITION VIENT DE NAÎTRE EN MOI, À CE PROPOS...
34

VOYONS KHÉPRI, À MOINS D'UN DISFONCTIONNEMENT TOTAL DE LA RAISON IL NE PEUT AVOIR VIOLÉ À CE POINT L'ÉTHIQUE DES PUISSANTS...
KLING
CE SERAIT EN TOUS CAS SANS PRÉCÉDENT DANS L'INSONDABLE HISTOIRE DE L'ÉTERNITÉ...
... TOUT EST DÉSORMAIS POSSIBLE AVEC LUI; MÊME LA DÉMATÉRIALISATION AU PROFIT D'UN ÊTRE INFÉRIEUR ET MORTEL... HORUS EST FOU, NOBLES AMIS...
KLING
C'EST BIEN MON AVIS, MAIS N'ENTENDEZ VOUS POINT COGNER DE MANIÈRE PERSISTANTE CONTRE LES DURES PARROIS DE NOTRE VAISSEAU.. ?
BRUIT MÉTALLIQUE SEMBLE-T-IL...
21 H38... FIN DU TEMPS RÉGLEMENTAIRE... SCORE 7-4 EN FAVEUR DES TCHESCOSOVIETS
MAINTENANT LA DEUXIEME PHASE...
21 H39. JEAN FERDINAND CHOUBLANC, VEXÉ, ULCÉRÉ, QUITTE PRÉCIPITAMMENT LA TRIBUNE OFFICIELLE...
21 H40. FIN DE LA RETRANSMISSION TÉLÉVISÉE...
KLING KLING
INTERLUDE
SOYONS PRUDENTS, AMIS DES CIEUX UNIVERSELS CAR LA PERNICIOSITÉ D'HORUS D'HIERAKONOPOLIS EST À LA HAUTEUR DE SA FOLIE...
DÉCIDEMENT CE BRUIT AGAÇANT NE CESSE POINT...
BES! VA DONC EN DÉTERMINER LA NATURE!...
LA NUIT S'ANNONÇAIT LOURDE ET OPAQUE... BALAYÉE ÇÀ ET LÀ PAR DES VENTS SULFUREUX...
35

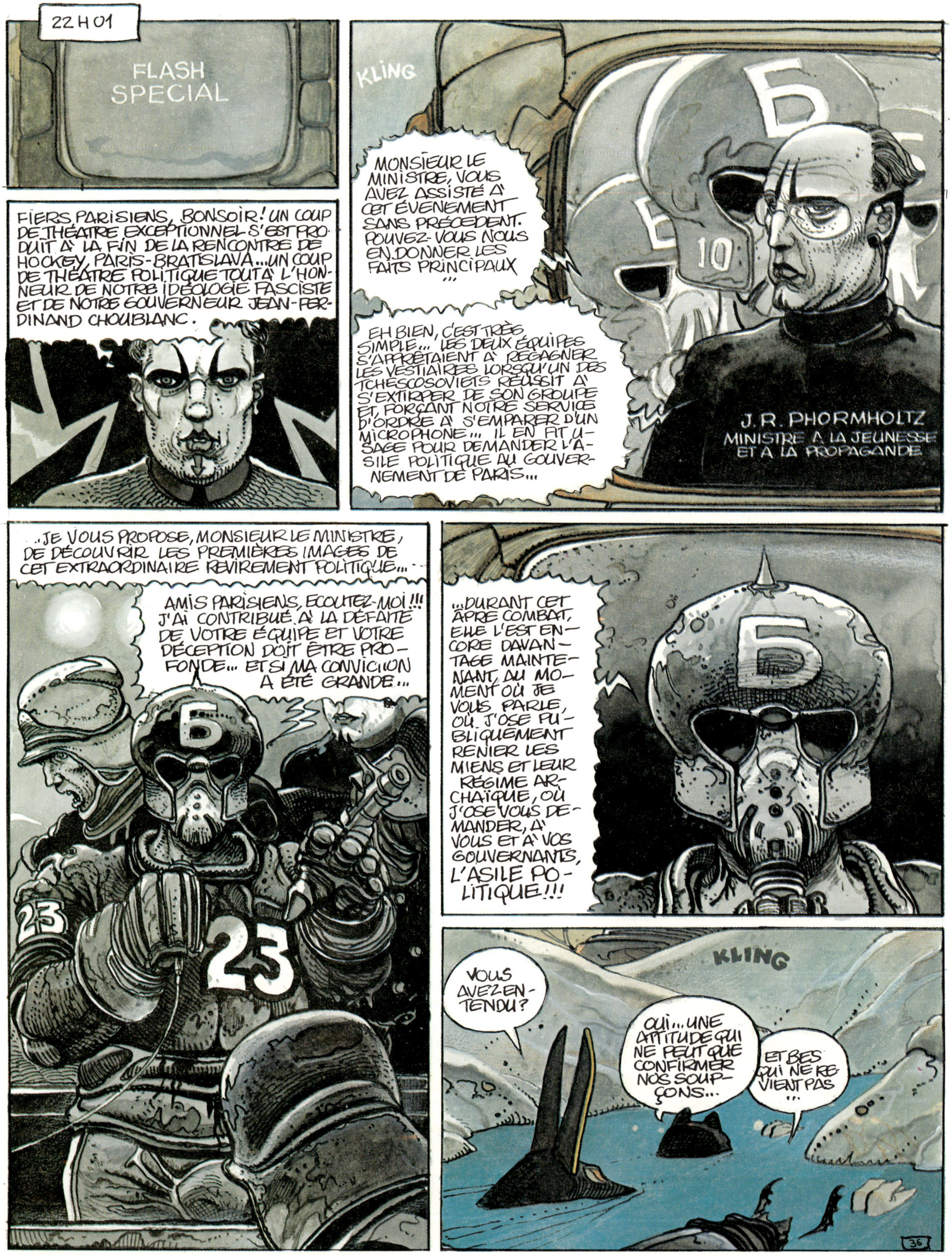

22 H 01
FLASH SPECIAL
KLING
MONSIEUR LE MINISTRE, VOUS AVEZ ASSISTÉ À CET ÉVÉNEMENT SANS PRÉCÉDENT. POUVEZ-VOUS NOUS EN DONNER LES FAITS PRINCIPAUX ...
FIERS PARISIENS, BONSOIR ! UN COUP DE THÉATRE EXCEPTIONNEL S'EST PRODUIT À LA FIN DE LA RENCONTRE DE HOCKEY, PARIS-BRATISLAVA ... UN COUP DE THÉATRE POLITIQUE TOUT À L'HONNEUR DE NOTRE IDÉOLOGIE FASCISTE ET DE NOTRE GOUVERNEUR JEAN-FERDINAND CHOUBLANC.
EH BIEN, C'EST TRÈS SIMPLE... LES DEUX ÉQUIPES S'APPRÊTAIENT À REGAGNER LES VESTIAIRES LORSQU'UN DES TCHESCOSOVIETS RÉUSSIT À S'EXTIRPER DE SON GROUPE ET, FORÇANT NOTRE SERVICE D'ORDRE À S'EMPARER D'UN MICROPHONE... IL EN FIT USAGE POUR DEMANDER L'ASILE POLITIQUE AU GOUVERNEMENT DE PARIS...
J.R. PHORMHOLTZ
MINISTRE À LA JEUNESSE ET À LA PROPAGANDE
...JE VOUS PROPOSE, MONSIEUR LE MINISTRE, DE DÉCOUVRIR LES PREMIÈRES IMAGES DE CET EXTRAORDINAIRE REVIREMENT POLITIQUE...
AMIS PARISIENS, ÉCOUTEZ-MOI !!! J'AI CONTRIBUÉ À LA DÉFAITE DE VOTRE ÉQUIPE ET VOTRE DÉCEPTION DOIT ÊTRE PROFONDE... ET SI MA CONVICTION A ÉTÉ GRANDE...
...DURANT CET ÂPRE COMBAT, ELLE L'EST ENCORE DAVANTAGE MAINTENANT, AU MOMENT OÙ JE VOUS PARLE, OÙ J'OSE PUBLIQUEMENT RENIER LES MIENS ET LEUR RÉGIME ARCHAÏQUE, OÙ J'OSE VOUS DEMANDER, À VOUS ET À VOS GOUVERNANTS, L'ASILE POLITIQUE !!!
KLING
VOUS AVEZ ENTENDU ?
OUI... UNE ATTITUDE QUI NE PEUT QUE CONFIRMER NOS SOUPÇONS...
ET BES QUI NE REVIENT PAS ...
36

ENFIN QUELQU'UN !...
KLING
JE COMMEN-ÇAIS À DÉSES-PÉRER...
MERCI BON AMI ...JE VOUS REVAUDRAI ÇA... MON NOM EST X·B2 ! ADJUDANT CHEF XB2... DE RETOUR PRÉMATURÉ DE MISSION !..

REVUE DE PRESSE – PARIS 4 MARS 2023.

K.O. POLITIQUE RETENTISSANT DEUX VICTIMES MAJEURES : LE TRAÎTRE VERTEGOUTTE ET LE TCHÉSCOSOVIÉTISME!!!

CHOUBLANQUISME TRIOMPHANT

Soirée exceptionnelle au Palais des Sports et des Congrès, d'où, malgré une toute relative défaite sportive de nos couleurs, le Choublanquisme sort politiquement renforcé et idéologiquement grandi par deux faits cinglants :
— la mort de Vertegoutte, le traître abject, dans l'attentat qu'il destinait au gouverneur;
— la demande d'asile politique et le rejet de son régime « archaïque » d'un hockeyeur tchescosoviet.

reportages et photos en pages 2 et 3

SENS DE L'HONNEUR

Pierre-Hubert Burburtz, entraîneur en chef des Flèches Noires de Paris s'est donné la mort hier soir dans les toilettes des vestiaires du Palais des Sports et des Congrès...Il a déclaré avant de s'empaler sur une crosse : « La mort plutôt que la défaite. » Pierre-Hubert Burburtz était âgé de 33 ans.

FAITS DIVERS

UN MILICIEN DÉVORÉ PAR UN ŒUF DE MENKAR NON CUIT

Un accident aussi stupide que dramatique s'est produit dans un dépôt d'œufs durs de Menkar, rue du Théâtre, dans le second arrondissement.
Intentionnellement ou par erreur l'un des œufs (1,98 m de haut) n'avait pas été cuit et a soudainement éclos alors que 27 créatures ouvrières s'apprêtaient à quitter le dépôt. Sitôt alerté, un détachement de Miliciens engagea avec l'hideuse entité libérée de sa coquille, un âpre combat au cours duquel l'un des courageux représentants de l'ordre fut dévoré vivant.
L'horrible monstre aura donc fait en un temps record 28 victimes, dont le loyal caporal milicien Etien Robiolles. Une enquête a été ouverte pour déterminer clairement les responsabilités de cette déplorable affaire...

Photos du drame en page 10

NOTE DE L'AUTEUR : LA " RÉSISTANCE POPULIÈRE " NE PARAÎTRA PLUS, HÉLAS..... SON UNIQUE RÉDACTEUR-IMPRIMEUR-DIFFUSEUR ÉTANT L'UNE DES MALHEUREUSES VICTIMES DE L'ŒUF DE MENKAR FOU...

BONNES NOUVELLES, NIKOPOL, NE TROUVES-TU PAS ?
P7
NOUS VOICI À LA UNE DE TOUTE LA PRESSE, EN POSITION IDÉALE POUR DÉVELOPPER LA SUITE DE NOS PLANS... DE QUOI SE RÉJOUIR, NON ?
БРАТИСЛАВА
C'EST ÇA, LA VIE EST BELLE ...
VOUS ME BRANCHEZ ET ME DÉBRANCHEZ COMME UN VULGAIRE FER À REPASSER, VOUS USEZ ET ABUSEZ DE MON CORPS COMME D'UN JOUET TÉLÉGUIDÉ ET PAR DESSUS TOUT ÇA VOUS ME FAITES AGIR POLITIQUEMENT À L'OPPOSÉ DE MES CONVICTIONS... DE QUOI SE RÉJOUIR EN EFFET...
JE VAIS VOUS DIRE FINALEMENT... VOUS ÊTES PIRE QUE TOUS LES MUSSOLINI HITLER, STALINE ET CHOUBLANC, RÉUNIS... VOUS ÊTES UN ÉGOCENTRISTE TOTALITAIRE, AMBITIEUX, PARANOÏAQUE, SANGUINAIRE ET INHUMAIN...
MAIS BIEN SÛR !!! JE SUIS INHUMAIN, PAR DÉFINITION ET PAR ESSENCE... JE SUIS UN ÊTRE SUPRÊMEMENT PUISSANT RÉGI PAR DES LOIS UNIVERSELLES QUI ÉCHAPPENT À L'ENTENDEMENT DES MORTELS... ET TU AS DE LA CHANCE, NIKOPOL, DE M'INSPIRER DAVANTAGE DE SYMPATHIE QUE DE RÉPULSION .....
ÉCOUTE MOI BIEN, NIKOPOL... NOUS ALLONS PRENDRE ENSEMBLE LE POUVOIR DE CETTE VILLE... ET CE POUVOIR NOUS NOUS LE PARTAGERONS... TOI, TU GOUVERNERAS LES HUMAINS, TES CONGÉNÈRES, COMME BON TE SEMBLERA... TU POURRAS ACCESSOIREMENT COMPTER SUR MON AIDE ET UTILISER CERTAINS DE MES POUVOIRS ..... MOI, DE MON CÔTÉ, JE M'OCCUPERAI DU PROBLÈME DE LA PYRAMIDE, QUI RELÈVE DU DOMAINE EXCLUSIVEMENT DIVIN ET QUI ME CONCERNE PERSONNELLEMENT....
C'EST CLAIR ?
39

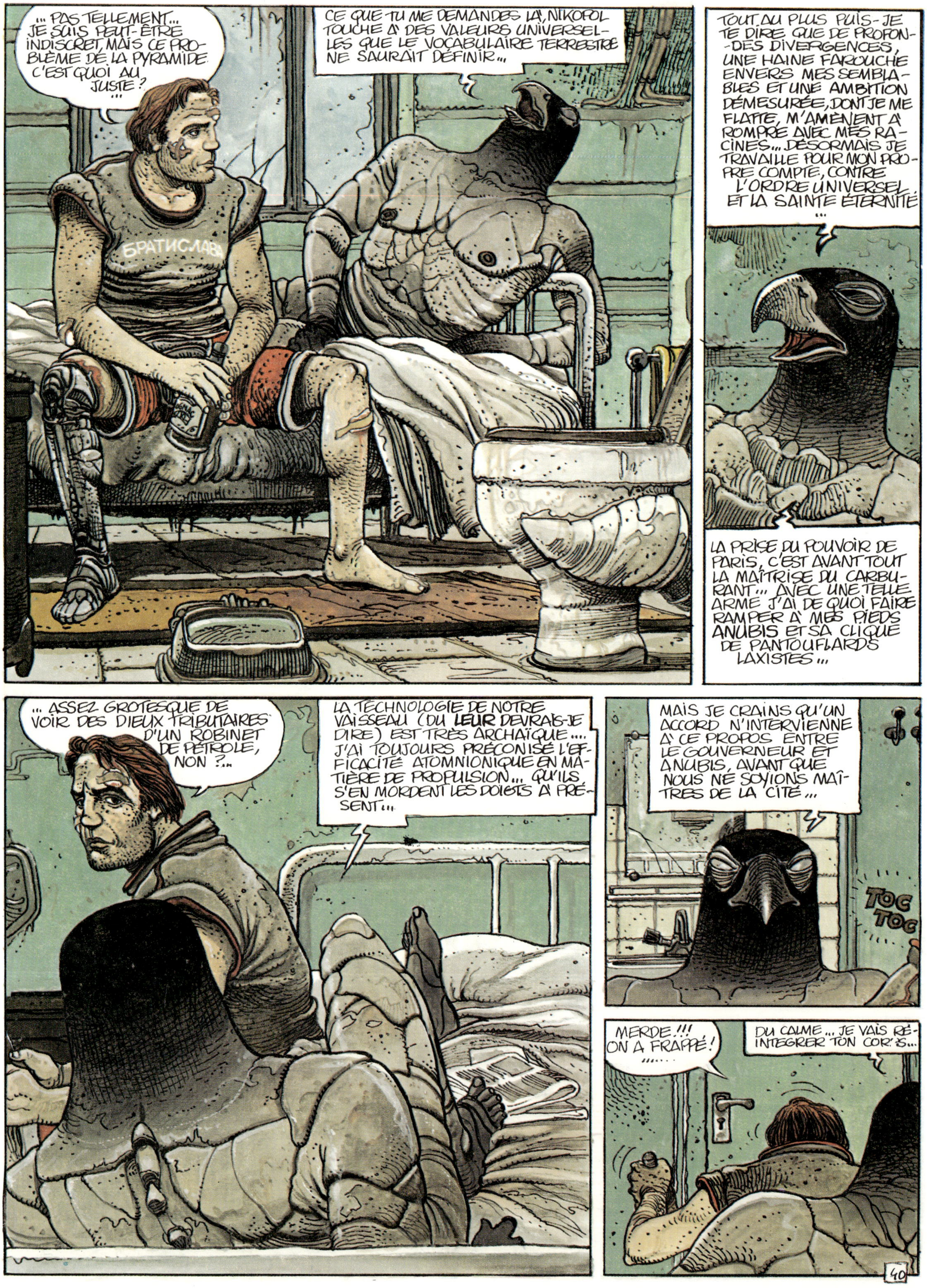
... PAS TELLEMENT... JE SUIS PEUT-ÊTRE INDISCRET, MAIS CE PROBLÈME DE LA PYRAMIDE C'EST QUOI AU JUSTE ? ...
CE QUE TU ME DEMANDES LÀ, NIKOPOL TOUCHE À DES VALEURS UNIVERSELLES QUE LE VOCABULAIRE TERRESTRE NE SAURAIT DÉFINIR...
БРАТИСЛАВА
TOUT AU PLUS PUIS-JE TE DIRE QUE DE PROFONDES DIVERGENCES, UNE HAINE FAROUCHE ENVERS MES SEMBLABLES ET UNE AMBITION DÉMESURÉE, DONT JE ME FLATTE, M'AMÈNENT À ROMPRE AVEC MES RACINES... DÉSORMAIS JE TRAVAILLE POUR MON PROPRE COMPTE, CONTRE L'ORDRE UNIVERSEL ET LA SAINTE ÉTERNITÉ ...
LA PRISE DU POUVOIR DE PARIS, C'EST AVANT TOUT LA MAÎTRISE DU CARBURANT... AVEC UNE TELLE ARME J'AI DE QUOI FAIRE RAMPER À MES PIEDS ANUBIS ET SA CLIQUE DE PANTOUFLARDS LAXISTES...
... ASSEZ GROTESQUE DE VOIR DES DIEUX TRIBUTAIRES D'UN ROBINET DE PÉTROLE, NON ?...
LA TECHNOLOGIE DE NOTRE VAISSEAU (OU **LEUR** DEVRAIS-JE DIRE) EST TRÈS ARCHAÏQUE... J'AI TOUJOURS PRÉCONISÉ L'EFFICACITÉ ATOMNIONIQUE EN MATIÈRE DE PROPULSION... QU'ILS S'EN MORDENT LES DOIGTS À PRÉSENT...
MAIS JE CRAINS QU'UN ACCORD N'INTERVIENNE À CE PROPOS ENTRE LE GOUVERNEUR ET ANUBIS, AVANT QUE NOUS NE SOYIONS MAÎTRES DE LA CITÉ...
TOC TOC
MERDE !!! ON A FRAPPÉ ! ......
DU CALME... JE VAIS RÉINTÉGRER TON CORPS...
40

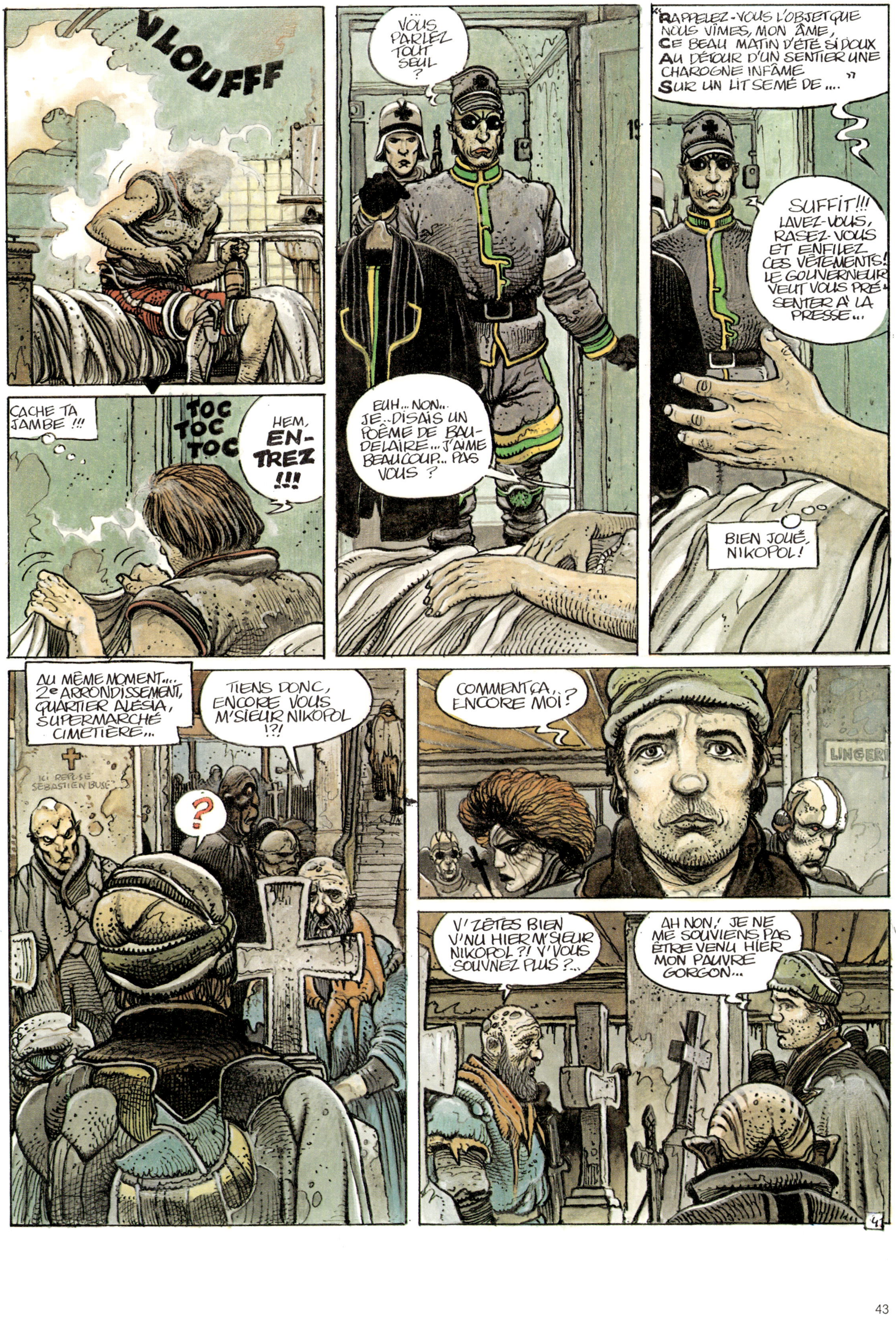
VLOUFFF
... VOUS PARLEZ TOUT SEUL ?
« RAPPELEZ-VOUS L'OBJET QUE NOUS VÎMES, MON ÂME, CE BEAU MATIN D'ÉTÉ SI DOUX AU DÉTOUR D'UN SENTIER UNE CHAROGNE INFÂME SUR UN LIT SEMÉ DE.... »
CACHE TA JAMBE !!!
TOC TOC TOC
HEM, EN-TREZ !!!
EUH... NON... JE... DISAIS UN POÈME DE BAUDELAIRE... J'AIME BEAUCOUP... PAS VOUS ?
SUFFIT!!! LAVEZ-VOUS, RASEZ-VOUS ET ENFILEZ CES VÊTEMENTS! LE GOUVERNEUR VEUT VOUS PRÉSENTER À LA PRESSE...
BIEN JOUÉ, NIKOPOL!
AU MÊME MOMENT... 2e ARRONDISSEMENT, QUARTIER ALÉSIA, SUPERMARCHÉ CIMETIÈRE...
ICI REPOSE SÉBASTIEN BUSE
TIENS DONC, ENCORE VOUS M'SIEUR NIKOPOL !?!
?
COMMENT ÇA, ENCORE MOI ?
V'ZÊTES BIEN V'NU HIER M'SIEUR NIKOPOL ?! V'VOUS SOUVNEZ PLUS ?..
AH NON! JE NE ME SOUVIENS PAS ÊTRE VENU HIER MON PAUVRE GORGON...

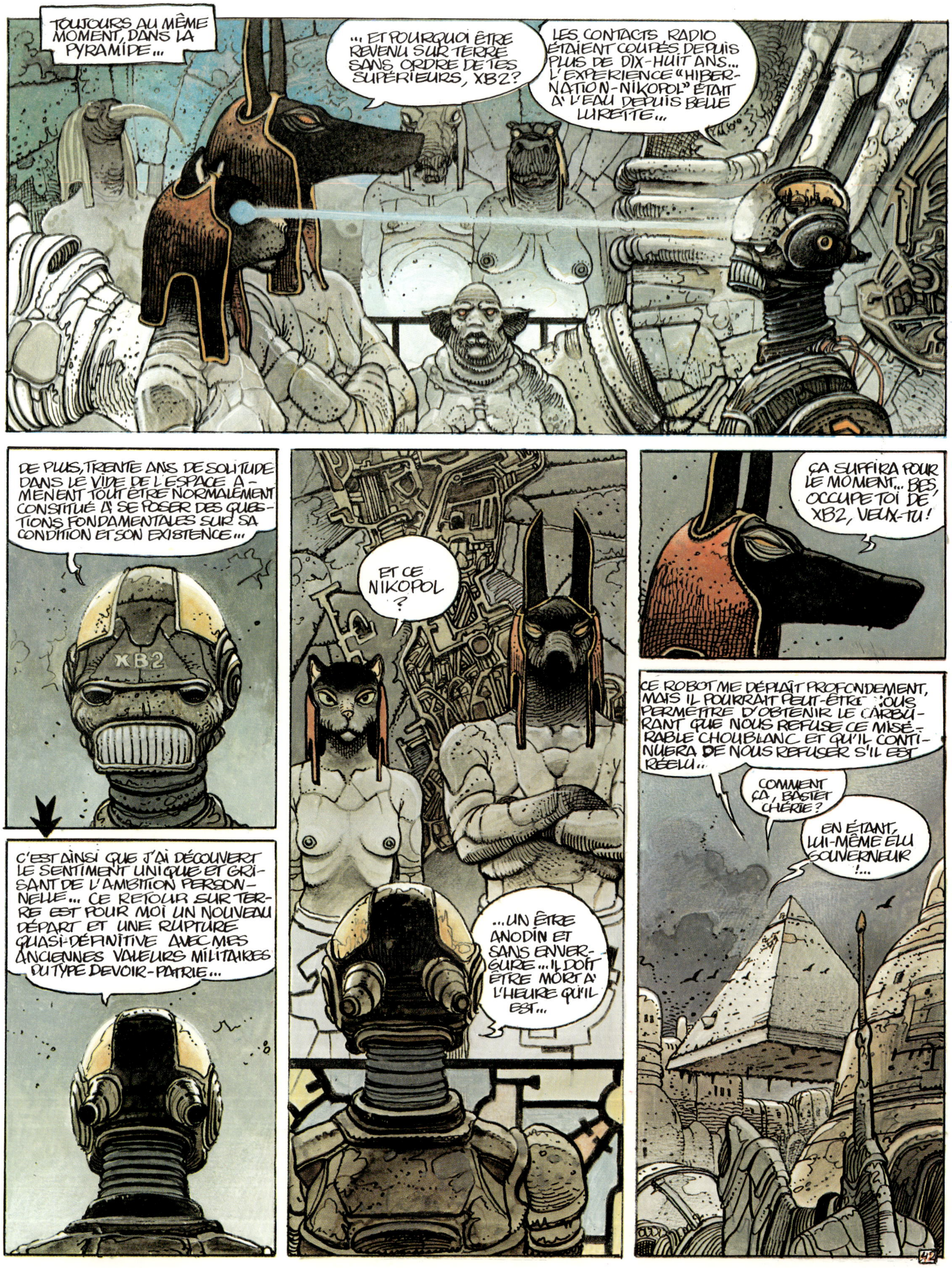
TOUJOURS AU MÊME MOMENT, DANS LA PYRAMIDE...
... ET POURQUOI ÊTRE REVENU SUR TERRE SANS ORDRE DE TES SUPÉRIEURS, XB2?
LES CONTACTS RADIO ÉTAIENT COUPÉS DEPUIS PLUS DE DIX-HUIT ANS... L'EXPÉRIENCE "HIBERNATION-NIKOPOL" ÉTAIT À L'EAU DEPUIS BELLE LURETTE...
DE PLUS, TRENTE ANS DE SOLITUDE DANS LE VIDE DE L'ESPACE AMÈNENT TOUT ÊTRE NORMALEMENT CONSTITUÉ À SE POSER DES QUESTIONS FONDAMENTALES SUR SA CONDITION ET SON EXISTENCE...
XB2
C'EST AINSI QUE J'AI DÉCOUVERT LE SENTIMENT UNIQUE ET GRISANT DE L'AMBITION PERSONNELLE... CE RETOUR SUR TERRE EST POUR MOI UN NOUVEAU DÉPART ET UNE RUPTURE QUASI-DÉFINITIVE AVEC MES ANCIENNES VALEURS MILITAIRES DU TYPE DEVOIR-PATRIE...
ET CE NIKOPOL ?
...UN ÊTRE ANODIN ET SANS ENVERGURE... IL DOIT ÊTRE MORT À L'HEURE QU'IL EST...
ÇA SUFFIRA POUR LE MOMENT... BES, OCCUPE-TOI DE XB2, VEUX-TU !
CE ROBOT ME DÉPLAÎT PROFONDÉMENT, MAIS IL POURRAIT PEUT-ÊTRE NOUS PERMETTRE D'OBTENIR LE CARBURANT QUE NOUS REFUSE CE MISÉRABLE CHOUBLANC ET QU'IL CONTINUERA DE NOUS REFUSER S'IL EST RÉÉLU...
COMMENT ÇA, BASTET CHÉRIE ?
EN ÉTANT, LUI-MÊME ÉLU GOUVERNEUR !...
42

RIDICULE !!! DE QUOI J'AI L'AIR COMME ÇA !?
BAH, UNE FOIS AU POUVOIR C'EST TOI QUI FERAS ET DÉFERAS LES MODES SELON TA FANTAISIE ET TES GOÛTS...
PLUS VITE ! LE GOUVERNEUR N'AIME PAS ATTENDRE !
"LES JAMBES EN L'AIR, COMME UNE FEMME LUBRIQUE, BRÛLANTE ET SUANT LES POISONS, OUVRAIT D'UNE FAÇON NONCHALANTE ET CYNIQUE SON VENTRE PLEIN D'EXHALAISONS ......
... ET POURTANT VOUS SEREZ SEMBLABLE À CETTE ORDURE, À CETTE HORRIBLE INFECTION, ÉTOILE DE MES YEUX, SOLEIL DE MA NATURE, VOUS, MON ANGE, ET MA PASSION...
43

MAINTENANT COMMENCENT LES CHOSES SÉRIEUSES, NIKOPOL...
J'AI MAL À LA TÊTE...
PROVIDENTIEL CE DISSIDENT... IL FAUDRA ME FAIRE MOUSSER CETTE AFFAIRE AU MAXIMUM, CRÉER UN ÉVÉNEMENT AUTOUR DE SON ACTE ET DE LA POLITIQUE QUI L'A ENGENDRÉ... ...ON NE POUVAIT RÊVER DE MEILLEUR FONDEMENT À MA CAMPAGNE...
TOUT A ÉTÉ PRÉVU DANS CE SENS... DE PLUS, VOTRE FRÈRE, SA SAINTETÉ THÉODULE 1er VOUS SOUTIENDRA... DE FAÇON SPECTACULAIRE M'A-T-IL CONFIÉ... AU TRAIN OÙ VONT LES CHOSES PERSONNE N'OSERA SE PRÉSENTER CONTRE VOUS...
MMM... ÇA SIMPLIFIERAIT BEAUCOUP DE CHOSES... J'AI D'AUTRES CHATS À FOUETTER, TU LE SAIS...
CALME GOGOL, CALME...
C'EST ANUBIS ET SON ÉGÉRIE QUI VONT ÊTRE DÉÇUS PAR MA RÉÉLECTION... CAR J'AI LA NETTE IMPRESSION QUE LEUR SITUATION N'EST PAS SI CONFORTABLE QU'ILS VEULENT ME LE FAIRE CROIRE... ILS CÉDERONT LES PREMIERS...
...ET ME FERONT IMMORTEL ! (SI DIEU LE VEUT)
JE VOUS LE SOUHAITE...
44

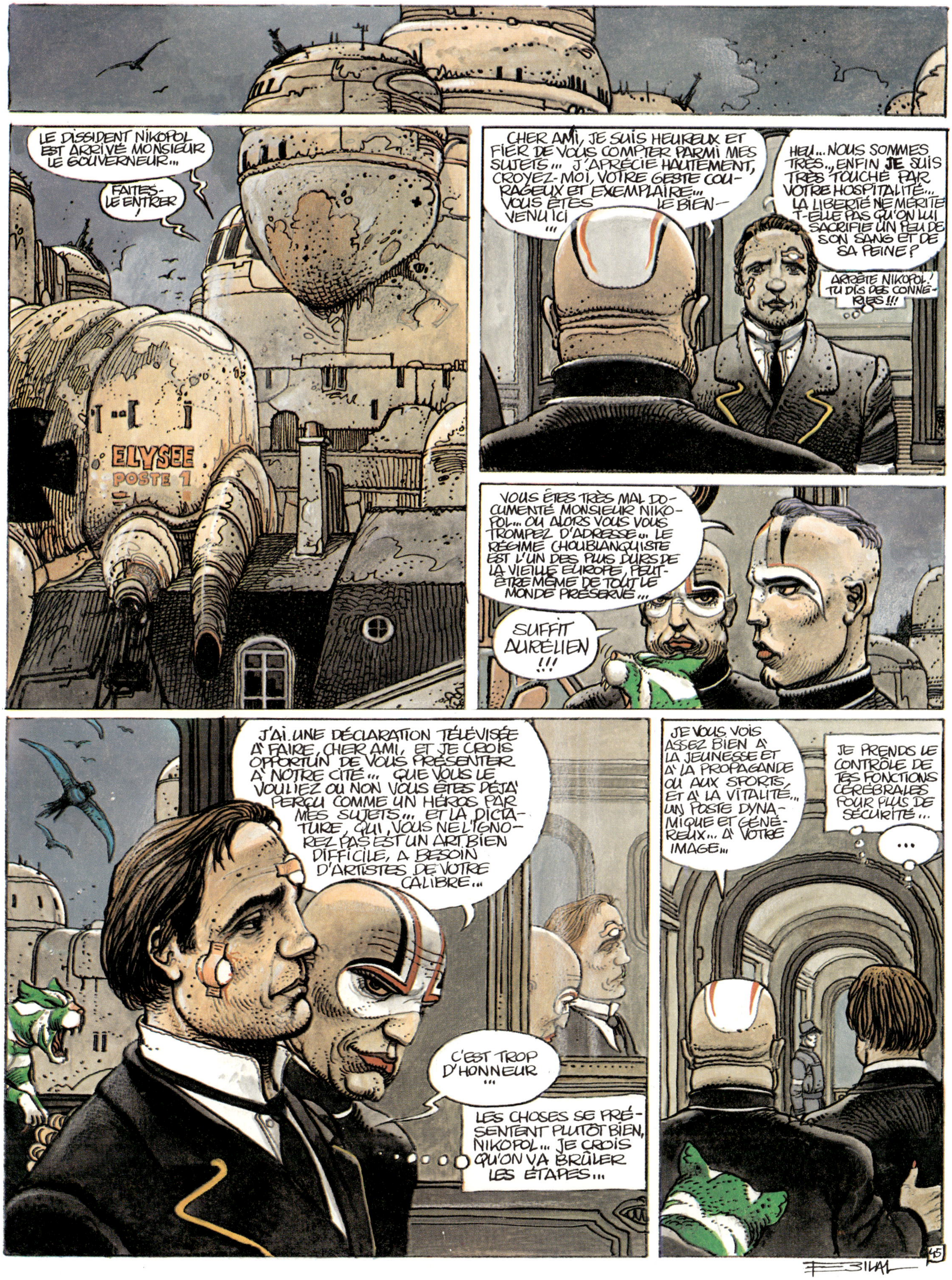
LE DISSIDENT NIKOPOL EST ARRIVÉ MONSIEUR LE GOUVERNEUR...
FAITES-LE ENTRER !
ELYSEE
POSTE 1
CHER AMI, JE SUIS HEUREUX ET FIER DE VOUS COMPTER PARMI MES SUJETS... J'APRÉCIE HAUTEMENT, CROYEZ-MOI, VOTRE GESTE COURAGEUX ET EXEMPLAIRE... VOUS ÊTES LE BIENVENU ICI ...
HEU... NOUS SOMMES TRÈS... ENFIN JE SUIS TRÈS TOUCHÉ PAR VOTRE HOSPITALITÉ... LA LIBERTÉ NE MÉRITE-T-ELLE PAS QU'ON LUI SACRIFIE UN PEU DE SON SANG ET DE SA PEINE ?
ARRÊTE NIKOPOL ! TU DIS DES CONNERIES !!!
VOUS ÊTES TRÈS MAL DOCUMENTÉ MONSIEUR NIKOPOL... OU ALORS VOUS VOUS TROMPEZ D'ADRESSE... LE RÉGIME CHOUBLANQUISTE EST L'UN DES PLUS DURS DE LA VIEILLE EUROPE, PEUT-ÊTRE MÊME DE TOUT LE MONDE PRÉSERVÉ...
SUFFIT AURÉLIEN !!!
J'AI UNE DÉCLARATION TÉLÉVISÉE À FAIRE, CHER AMI, ET JE CROIS OPPORTUN DE VOUS PRÉSENTER À NOTRE CITÉ... QUE VOUS LE VOULIEZ OU NON VOUS ÊTES DÉJÀ PERÇU COMME UN HÉROS PAR MES SUJETS... ET LA DICTATURE, QUI, VOUS NE L'IGNOREZ PAS EST UN ART BIEN DIFFICILE, A BESOIN D'ARTISTES DE VOTRE CALIBRE...
C'EST TROP D'HONNEUR ...
LES CHOSES SE PRÉSENTENT PLUTÔT BIEN, NIKOPOL... JE CROIS QU'ON VA BRÛLER LES ÉTAPES...
JE VOUS VOIS ASSEZ BIEN À LA JEUNESSE ET À LA PROPAGANDE OU AUX SPORTS, ET À LA VITALITÉ... UN POSTE DYNAMIQUE ET GÉNÉREUX... À VOTRE IMAGE...
JE PRENDS LE CONTRÔLE DE TES FONCTIONS CÉRÉBRALES POUR PLUS DE SÉCURITÉ...
...
45
BILAL

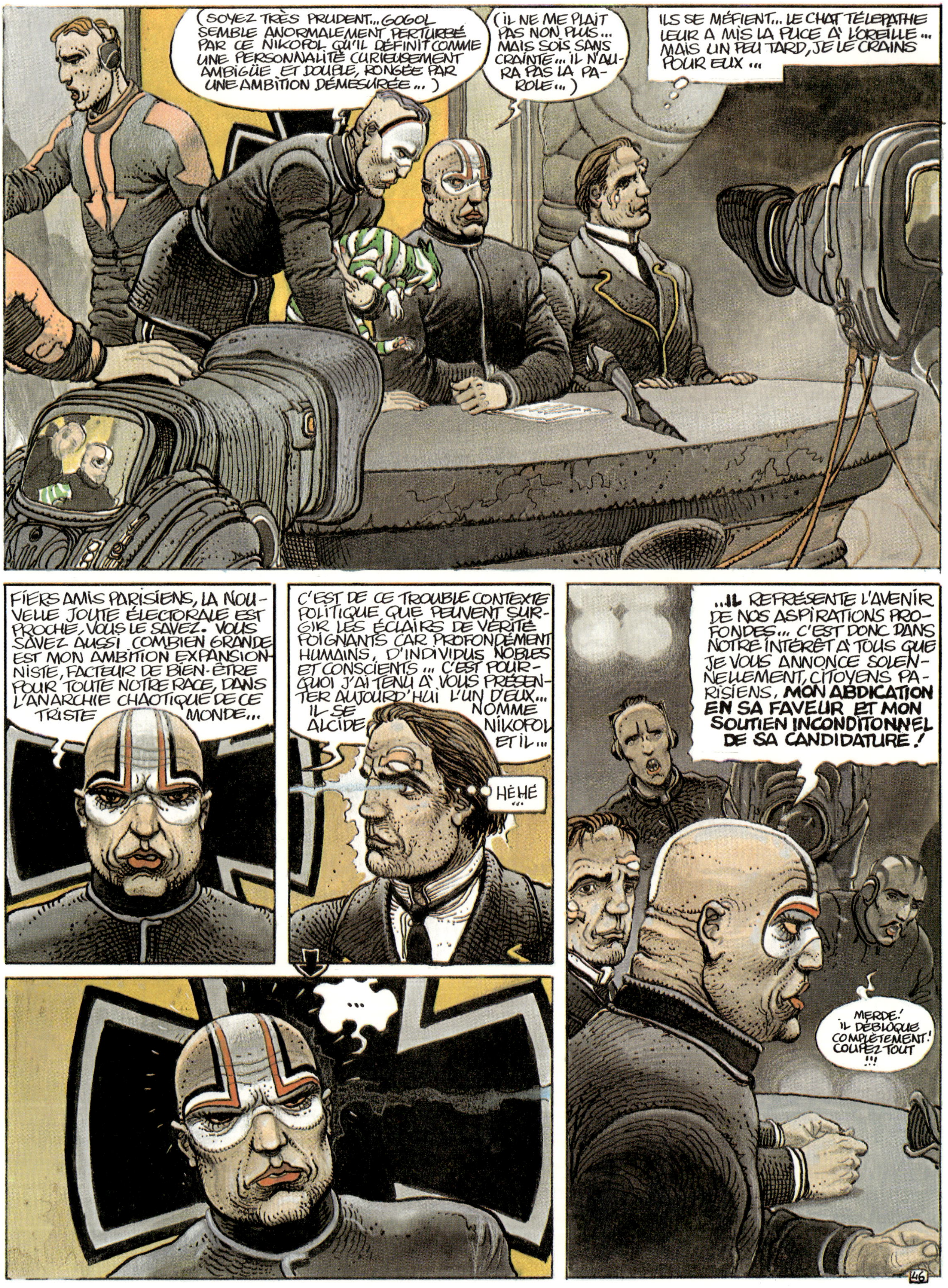

(SOYEZ TRÈS PRUDENT... GOGOL SEMBLE ANORMALEMENT PERTURBÉ PAR CE NIKOPOL QU'IL DÉFINIT COMME UNE PERSONNALITÉ CURIEUSEMENT AMBIGÜE ET DOUBLE, RONGÉE PAR UNE AMBITION DÉMESURÉE...)
(IL NE ME PLAIT PAS NON PLUS... MAIS SOIS SANS CRAINTE... IL N'AURA PAS LA PAROLE...)
ILS SE MÉFIENT... LE CHAT TÉLÉPATHE LEUR A MIS LA PUCE À L'OREILLE... MAIS UN PEU TARD, JE LE CRAINS POUR EUX...
FIERS AMIS PARISIENS, LA NOUVELLE JOUTE ÉLECTORALE EST PROCHE, VOUS LE SAVEZ. VOUS SAVEZ AUSSI COMBIEN GRANDE EST MON AMBITION EXPANSIONNISTE, FACTEUR DE BIEN-ÊTRE POUR TOUTE NOTRE RACE, DANS L'ANARCHIE CHAOTIQUE DE CE TRISTE MONDE...
C'EST DE CE TROUBLE CONTEXTE POLITIQUE QUE PEUVENT SURGIR LES ÉCLAIRS DE VÉRITÉ POIGNANTS CAR PROFONDÉMENT HUMAINS, D'INDIVIDUS NOBLES ET CONSCIENTS... C'EST POURQUOI J'AI TENU À VOUS PRÉSENTER AUJOURD'HUI L'UN D'EUX... IL SE NOMME ALCIDE NIKOPOL ET IL...
HÉHÉ...
...IL REPRÉSENTE L'AVENIR DE NOS ASPIRATIONS PROFONDES... C'EST DONC DANS NOTRE INTÉRÊT À TOUS QUE JE VOUS ANNONCE SOLENNELLEMENT, CITOYENS PARISIENS, **MON ABDICATION EN SA FAVEUR ET MON SOUTIEN INCONDITONNEL DE SA CANDIDATURE !**
MERDE ! IL DÉBLOQUE COMPLÈTEMENT ! COUPEZ TOUT !!!
...
46

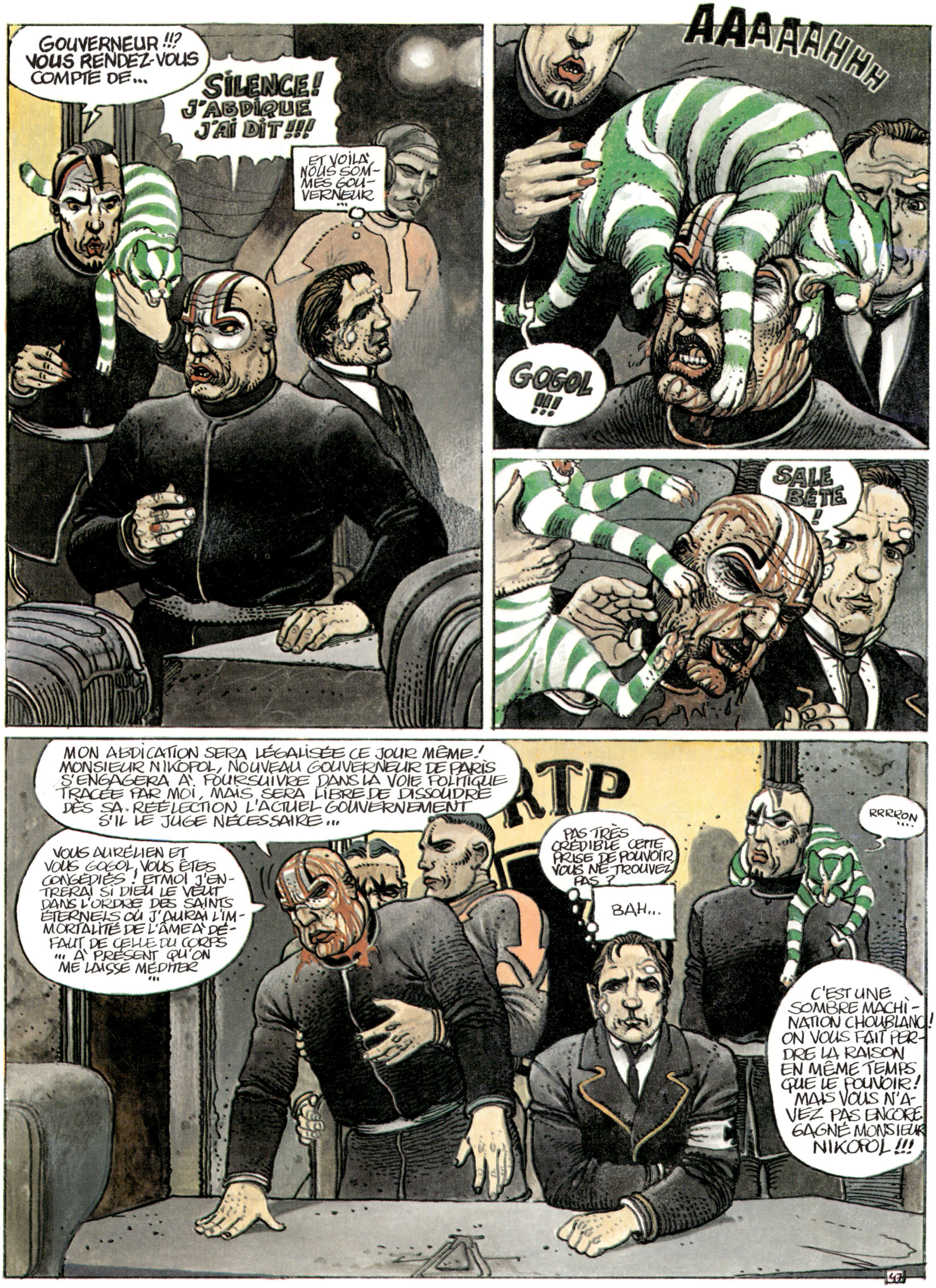

GOUVERNEUR !!? VOUS RENDEZ-VOUS COMPTE DE...
SILENCE ! J'ABDIQUE J'AI DIT !!!
ET VOILÀ NOUS SOMMES GOUVERNEUR ...
AAAAAHHHH
GOGOL !!!
SALE BÊTE !
MON ABDICATION SERA LÉGALISÉE CE JOUR MÊME ! MONSIEUR NIKOPOL, NOUVEAU GOUVERNEUR DE PARIS S'ENGAGERA À POURSUIVRE DANS LA VOIE POLITIQUE TRACÉE PAR MOI, MAIS SERA LIBRE DE DISSOUDRE DÈS SA RÉÉLECTION L'ACTUEL GOUVERNEMENT S'IL LE JUGE NÉCESSAIRE...
VOUS AURÉLIEN ET VOUS GOGOL, VOUS ÊTES CONGÉDIÉS ! ET MOI J'ENTRERAI SI DIEU LE VEUT DANS L'ORDRE DES SAINTS ÉTERNELS OÙ J'AURAI L'IMMORTALITÉ DE L'ÂME À DÉFAUT DE CELLE DU CORPS ... À PRÉSENT QU'ON ME LAISSE MÉDITER ...
PAS TRÈS CRÉDIBLE CETTE PRISE DE POUVOIR, VOUS NE TROUVEZ PAS ?
BAH...
RRRRON ....
C'EST UNE SOMBRE MACHINATION CHOUBLANC ! ON VOUS FAIT PERDRE LA RAISON EN MÊME TEMPS QUE LE POUVOIR ! MAIS VOUS N'AVEZ PAS ENCORE GAGNÉ MONSIEUR NIKOPOL !!!
47

REVUE DE PRESSE - PARIS 5 MARS 2023

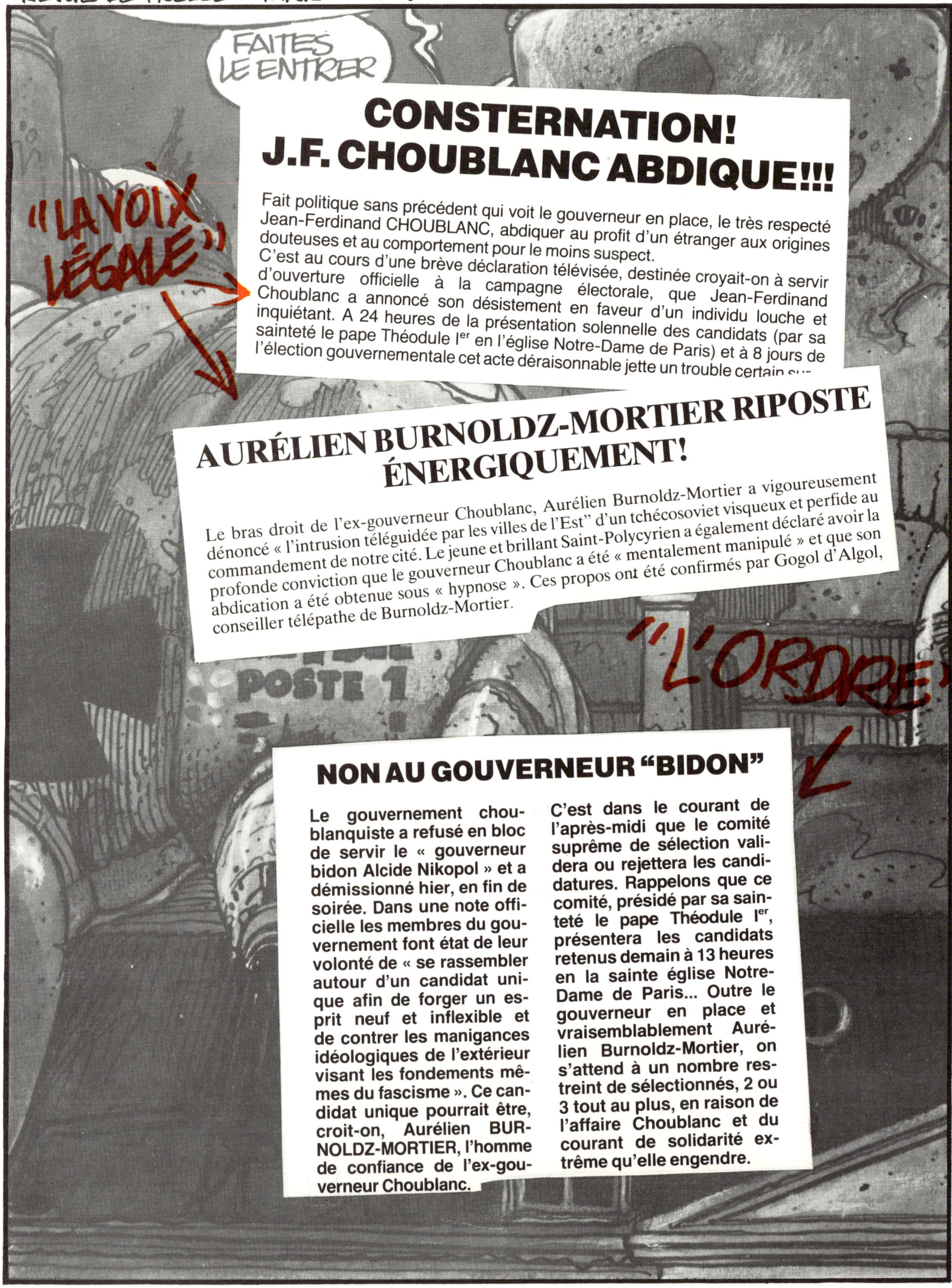

CONSTERNATION! J.F. CHOUBLANC ABDIQUE!!!

Fait politique sans précédent qui voit le gouverneur en place, le très respecté Jean-Ferdinand CHOUBLANC, abdiquer au profit d'un étranger aux origines douteuses et au comportement pour le moins suspect.
C'est au cours d'une brève déclaration télévisée, destinée croyait-on à servir d'ouverture officielle à la campagne électorale, que Jean-Ferdinand Choublanc a annoncé son désistement en faveur d'un individu louche et inquiétant. A 24 heures de la présentation solennelle des candidats (par sa sainteté le pape Théodule Ier en l'église Notre-Dame de Paris) et à 8 jours de l'élection gouvernementale cet acte déraisonnable jette un trouble certain

AURÉLIEN BURNOLDZ-MORTIER RIPOSTE ÉNERGIQUEMENT!

Le bras droit de l'ex-gouverneur Choublanc, Aurélien Burnoldz-Mortier a vigoureusement dénoncé « l'intrusion téléguidée par les villes de l'Est" d'un tchécosoviet visqueux et perfide au commandement de notre cité. Le jeune et brillant Saint-Polycyrien a également déclaré avoir la profonde conviction que le gouverneur Choublanc a été « mentalement manipulé » et que son abdication a été obtenue sous « hypnose ». Ces propos ont été confirmés par Gogol d'Algol, conseiller télépathe de Burnoldz-Mortier.

NON AU GOUVERNEUR "BIDON"

Le gouvernement choublanquiste a refusé en bloc de servir le « gouverneur bidon Alcide Nikopol » et a démissionné hier, en fin de soirée. Dans une note officielle les membres du gouvernement font état de leur volonté de « se rassembler autour d'un candidat unique afin de forger un esprit neuf et inflexible et de contrer les manigances idéologiques de l'extérieur visant les fondements mêmes du fascisme ». Ce candidat unique pourrait être, croit-on, Aurélien BURNOLDZ-MORTIER, l'homme de confiance de l'ex-gouverneur Choublanc.

C'est dans le courant de l'après-midi que le comité suprême de sélection validera ou rejettera les candidatures. Rappelons que ce comité, présidé par sa sainteté le pape Théodule Ier, présentera les candidats retenus demain à 13 heures en la sainte église Notre-Dame de Paris... Outre le gouverneur en place et vraisemblablement Aurélien Burnoldz-Mortier, on s'attend à un nombre restreint de sélectionnés, 2 ou 3 tout au plus, en raison de l'affaire Choublanc et du courant de solidarité extrême qu'elle engendre.

PAS BRILLANT L'ACCUEIL DE LA PRESSE, VOUS NE TROUVEZ PAS? POUR CONSERVER CE POUVOIR SI HABILEMENT CONQUIS, JE NE VOIS QU'UNE SOLUTION... HYPNOTISER L'ÉLECTORAT TOUT ENTIER...
PAS DE SARCASME NIKOPOL! J'AI LES MOYENS DE METTRE À RAISON PLUS DE MORTELS QUE CETTE VILLE N'EN CONTIENT... MAIS JE NE LE FERAI QU'EN DERNIER RESSORT...
JE ME CONTENTERAI, DANS UN PREMIER TEMPS D'ÉLIMINER PHYSIQUEMENT LE OU LES AUTRES CANDIDATS... SEUL EN LICE ON NE PEUT QU'ÊTRE RÉÉLU...
MAIS DEMAIN NOUS EN SAURONS D'AVANTAGE SUR NOS OPPOSANTS...
DITES-MOI VOUS QUI AVEZ TANT DE POUVOIRS, VOUS N'AVEZ RIEN CONTRE LES MIGRAINES TENACES ?
NON LOIN DE LÀ, DANS LES APPARTEMENTS DE SA SAINTETÉ LE PAPE THÉODULE 1er...
... IL DIT QUE L'ÉLÉVATEUR EST AU POINT ET QU'IL PEUT FAIRE UNE DÉMONSTRATION SI VOTRE SAINTETÉ LE DÉSIRE...
INUTILE... LE MODE D'EMPLOI SUFFIRA...
VOTRE SAINTETÉ POURRA S'ÉLEVER À PRÈS DE HUIT MÈTRES DU SOL, PRÉCISE-T-IL... ET SANS AUCUN DANGER... POUR REDESCENDRE IL VOUS SUFFIRA D'APPUYER SUR UN BOUTON...
C'EST PARFAIT... JE CROIS TRÈS OPPORTUN DE RENFORCER MON IMAGE ET MA CRÉDIBILITÉ EN CES TEMPS TROUBLES... ... L'ÉGLISE DOIT PAR MON ENTREMISE IMPRESSIONNER... JE VEUX QUE CETTE "SUSPENSION" AU-DESSUS DU SOL SOIT ATTRIBUÉE À UNE FORME DE GRÂCE DIVINE, UN MIRACLE EN QUELQUE SORTE... AVEC CES CHERS PETITS ANGELOTS VIREVOLTANTS AUTOUR DE MOI LE TABLEAU SERA TOUCHANT, ET CONVAINCANT, JE CROIS...
JE LE CROIS AUSSI, VOTRE SAINTETÉ...
49

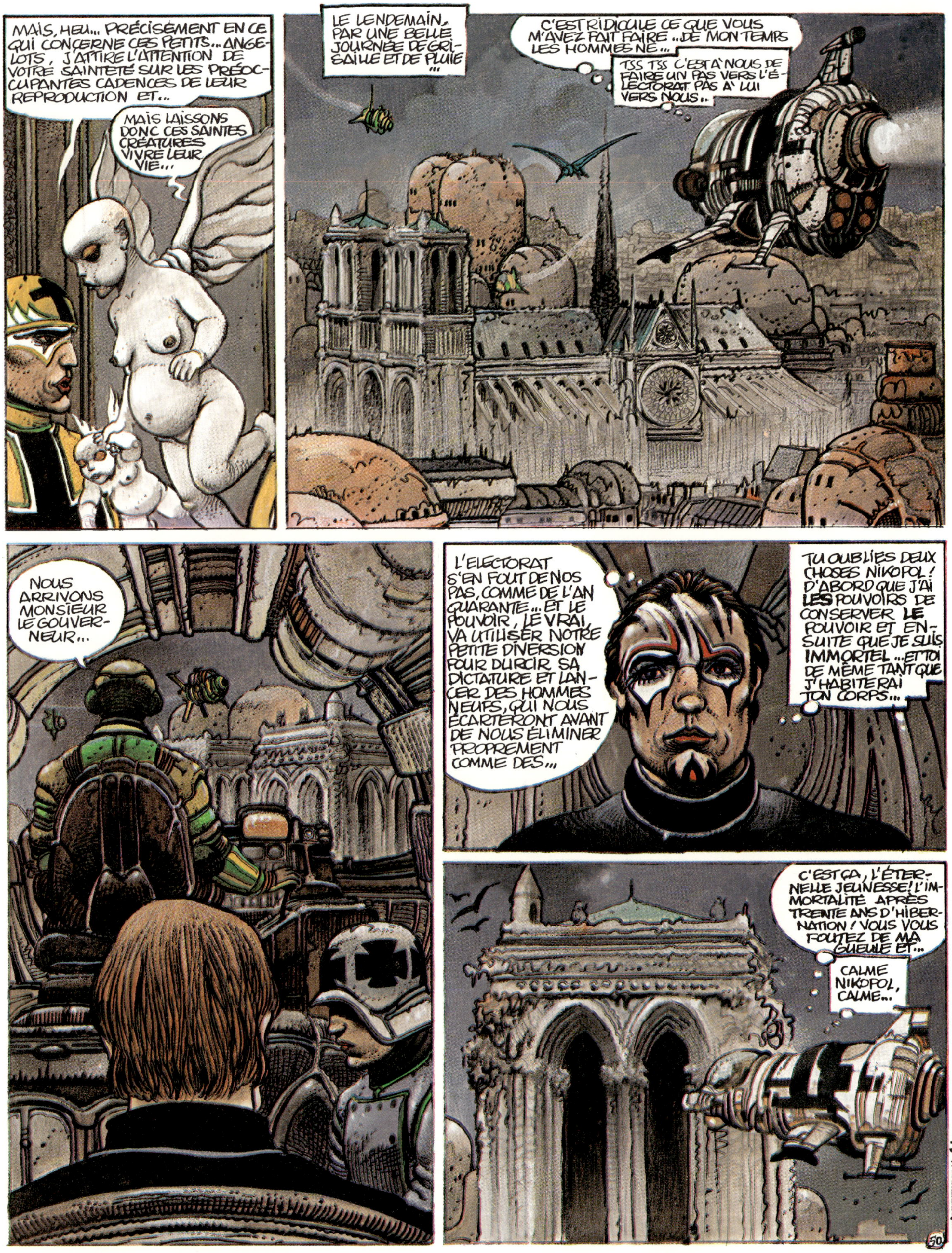
MAIS, HEU... PRÉCISÉMENT EN CE QUI CONCERNE CES PETITS... ANGELOTS, J'ATTIRE L'ATTENTION DE VOTRE SAINTETÉ SUR LES PRÉOCCUPANTES CADENCES DE LEUR REPRODUCTION ET...
MAIS LAISSONS DONC CES SAINTES CRÉATURES VIVRE LEUR VIE...
LE LENDEMAIN, PAR UNE BELLE JOURNÉE DE GRISAILLE ET DE PLUIE...
C'EST RIDICULE CE QUE VOUS M'AVEZ FAIT FAIRE... DE MON TEMPS LES HOMMES NE...
TSS TSS C'EST À NOUS DE FAIRE UN PAS VERS L'ÉLECTORAT PAS À LUI VERS NOUS...
NOUS ARRIVONS MONSIEUR LE GOUVERNEUR...
L'ELECTORAT S'EN FOUT DE NOS PAS, COMME DE L'AN QUARANTE... ET LE POUVOIR, LE VRAI, VA UTILISER NOTRE PETITE DIVERSION POUR DURCIR SA DICTATURE ET LANCER DES HOMMES NEUFS, QUI NOUS ÉCARTERONT AVANT DE NOUS ÉLIMINER PROPREMENT COMME DES...
TU OUBLIES DEUX CHOSES NIKOPOL! D'ABORD QUE J'AI LES POUVOIRS DE CONSERVER LE POUVOIR ET ENSUITE QUE JE SUIS IMMORTEL... ET TOI DE MÊME TANT QUE J'HABITERAI TON CORPS...
C'EST ÇA, L'ÉTERNELLE JEUNESSE! L'IMMORTALITÉ APRÈS TRENTE ANS D'HIBERNATION! VOUS VOUS FOUTEZ DE MA GUEULE ET...
CALME NIKOPOL, CALME...
BILAL
50

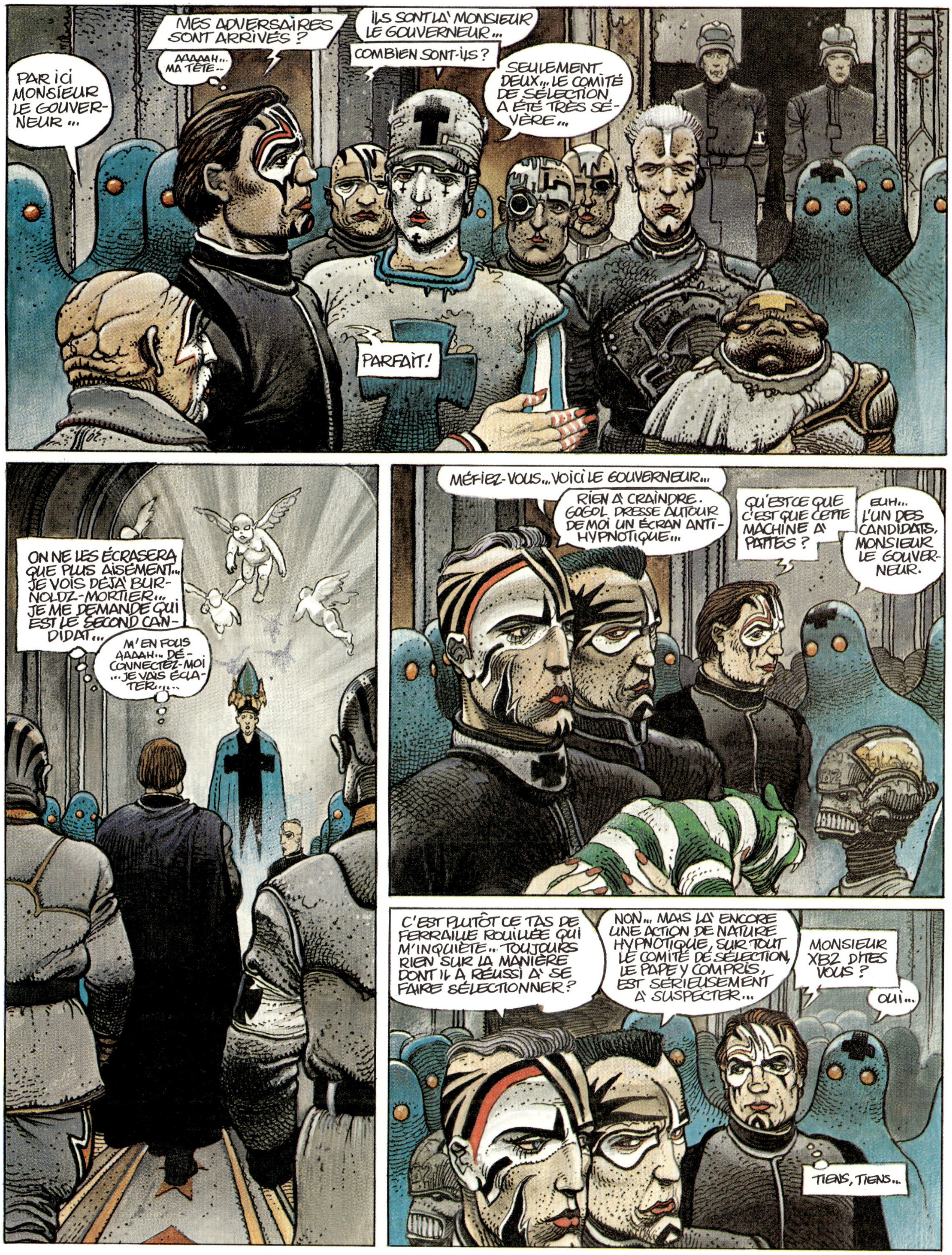
PAR ICI MONSIEUR LE GOUVERNEUR...
MES ADVERSAIRES SONT ARRIVÉS ?
AAAAAH... MA TÊTE...
ILS SONT LÀ MONSIEUR LE GOUVERNEUR...
COMBIEN SONT-ILS ?
SEULEMENT DEUX... LE COMITÉ DE SÉLECTION A ÉTÉ TRÈS SÉVÈRE...
PARFAIT !
ON NE LES ÉCRASERA QUE PLUS AISÉMENT... JE VOIS DÉJÀ BURNOLDZ-MORTIER... JE ME DEMANDE QUI EST LE SECOND CANDIDAT...
M'EN FOUS AAAAH... DÉCONNECTEZ-MOI ...JE VAIS ÉCLATER.....
MÉFIEZ-VOUS... VOICI LE GOUVERNEUR...
RIEN À CRAINDRE. GOGOL DRESSE AUTOUR DE MOI UN ÉCRAN ANTI-HYPNOTIQUE...
QU'ESTCE QUE C'EST QUE CETTE MACHINE À PATTES ?
EUH... L'UN DES CANDIDATS, MONSIEUR LE GOUVERNEUR.
C'EST PLUTÔT CE TAS DE FERRAILLE ROUILLÉE QUI M'INQUIÈTE... TOUJOURS RIEN SUR LA MANIÈRE DONT IL A RÉUSSI À SE FAIRE SÉLECTIONNER ?
NON... MAIS LÀ ENCORE UNE ACTION DE NATURE HYPNOTIQUE, SUR TOUT LE COMITÉ DE SÉLECTION, LE PAPE Y COMPRIS, EST SÉRIEUSEMENT À SUSPECTER...
MONSIEUR XB2 DITES VOUS ?
OUI...
TIENS, TIENS...

CURIEUX ÇA... JE SENS DEUX BARRIÈRES MENTALES À MES CÔTÉS... CELLE DU CHAT TÉLÉPATHE ÉTAIT PRÉVISIBLE...
... MAIS CELLE DU ROBOT NE ME PLAIT PAS DU TOUT...
HÉ, NIKOPOL RÉVEILLE-TOI !
AAA AAH...
..J'AI MAL...
JETTE UN DISCRET COUP D'OEIL À GAUCHE ET ESSAIE DE GARDER TON CALME...
MERDE !!!
DU CALME J'AI DIT...
XB2 ! L'ADJUDANT CHEF XB2 ! QU'EST-CE QU'IL FOUT LÀ ! ??
C'EST CE QUE J'AIMERAIS SAVOIR...
...C'EST DONC AU NOM DU TOUT PUISSANT QUI GUIDE DE SA LUMIÈRE NOTRE SAINE ET SAINTE CITÉ QUE JE ME DOIS AUJOURD'HUI DE VOUS PRÉSENTER SOLENNELLEMENT LES TROIS CANDIDATS APPELÉS À S'AFFRONTER À L'OCCASION DE LA PROCHAINE JOUTE ÉLECTORALE...
MAIS ÉLEVONS NOUS D'ABORD ENSEMBLE EN UNE FERVENTE PRIÈRE POUR NOTRE GLORIEUSE CITÉ ET LE TOUT PUISSANT, SON PROTECTEUR...
OOOOH !!!?
BRAVO !!!
IL S'ÉLÈVE !!?!
C'EST UN MIRACLE !!
ENCORE !!!

PRIONS
FRÈRES
PARISIENS
...
PRIONS !!!
CLIC
AAAAAA
PLOTCH

LE LENDEMAIN, 7 MARS, À L'ÉLYSÉE, DANS LA LOURDEUR DE L'ATMOSPHÈRE PARISIENNE, À LA NUIT TOMBANTE...

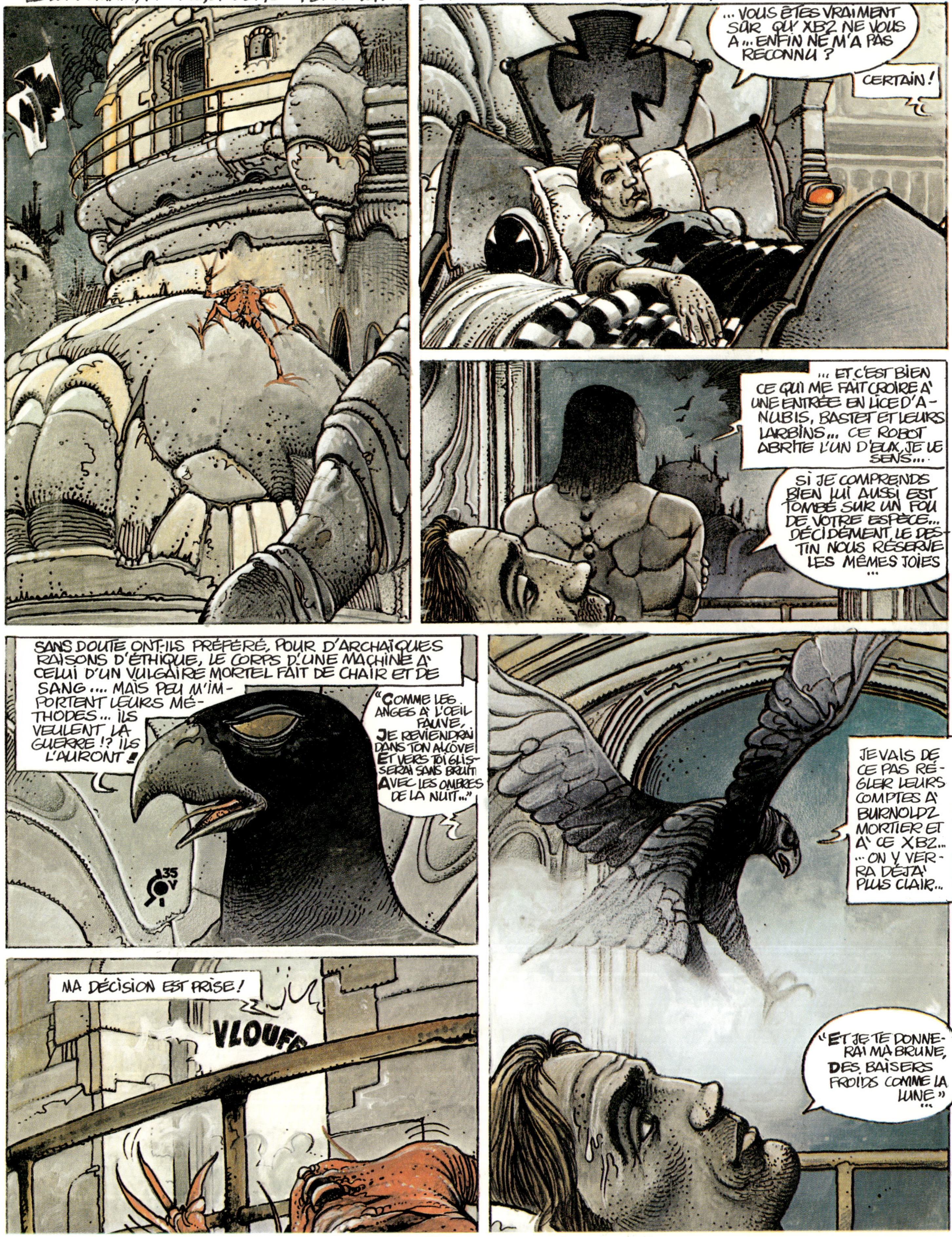

"...ET DES CARESSES DE SERPENT AUTOUR D'UNE FOSSE RAMPANT ..."
"QUAND VIENDRA LE MATIN LIVIDE, TU TROUVERAS MA PLACE VIDE, OÙ JUSQU'AU SOIR IL FERA FROID..."
"COMME D'AUTRES PAR LA TENDRESSE SUR... AAAARGH !!!
VITE BASTET !!!
SALE BÊTE...
TCHAAC
AARGL

SUPERBE NUIT EN PERSPECTIVE... Y BOIRONS-NOUS À VOTRE SUCCÈS CHER AURÉLIEN ET À UN ORDRE RÉNOVÉ ?
CERTAINEMENT NOBLE AMI ... JE N'ATTENDS POUR CELA QUE D'ÊTRE DÉFINITIVEMENT ASSURÉ DE N'AVOIR PLUS AUCUN "OBSTACLE" SUR MA ROUTE ...
LE VOILÀ..
À L'HEURE QU'IL EST LES SBIRES AL WAZORIENS DE GOGOL ONT DÛ AGIR DANS CE SENS...
HE HÉ ET D'UN !!!
AAAA !!!
L'AUTRE À PRÉSENT..
!?!
PAR SETH LE MALÉFIQUE !!! QUELQU'UN M'A PRÉCÉDÉ ...
UN SOURD PRESSENTIMENT M'ENVAHIT SOUDAINEMENT ...
58

VITE !!! POURVU QUE...
CIEL, JE SUIS FAIT !!!
OUI IGNOBLE ET FOURBE HORUS ! TON IMPUDENTE ESCAPADE PREND ICI FIN...
CETTE INSURRECTION CONTRE NOTRE COMMUNAUTÉ SERA SÉVÈREMENT RÉPRIMÉE...
LA DURE ET LISSE PIERRE DE BOUBASTIS SERA COULÉE SUR TON CORPS POUR SEPT LONGUES FRACTIONS D'ÉTERNITÉ...
UNE PATIENTE ACTION PSYCHANALYTIQUE SERA VRAISEMBLABLEMENT NÉCESSAIRE POUR EXPLIQUER LES GRAVES TROUBLES DE TON COMPORTEMENT...
J'ENRAGE !!!
57

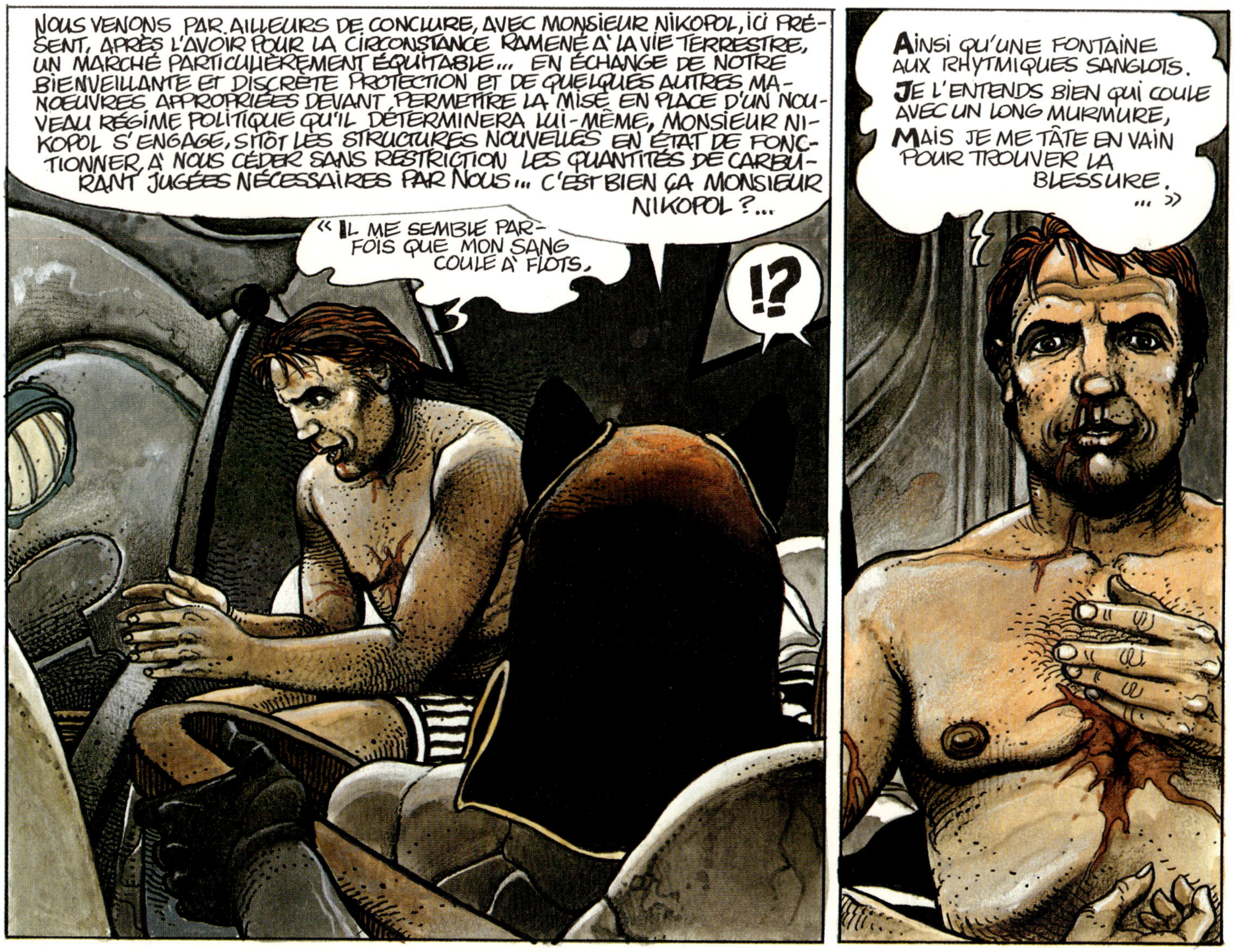

PARIS 23 MARS 2023 - REVUE DE PRESSE.

"L'AIR RÉVOLUTIONNAIRE"

DIFFUSION LÉGALE - TIRAGE 160 000 ex.

LE FASCISME EST MORT VIVE NIKOPOL!

AUJOURD'HUI, 23 MARS 2023, DATE HISTORIQUE, DÉBUTE, POUR TOUS LES PARISIENS ENFIN UNIS, UNE ÈRE NOUVELLE D'ÉGALITÉ ET D'ESPÉRANCE RÉVOLUTIONNAIRE. QUE NIKOPOL, LE LIBÉRATEUR DE PARIS EN SOIT REMERCIÉ ET QUE LES CENDRES ENCORE FUMANTES DU FASCISME MAUDIT S'ÉPARPILLENT À JAMAIS AU VENT DE L'HISTOIRE ET S'EFFACENT DE NOS MÉMOIRES MEURTRIES.

LES FEMMES ENFIN LIBÉRÉES

L'une des premières mesures du nouveau pouvoir révolutionnaire a consisté à libérer les quelques 25 000 malheureuses femmes dites « reproductrices » du sinistre centre de natalité Saint-Sauveur. Il est évident que la femme retrouvera, dans la nouvelle société en construction, la place prépondérante qui lui revient de droit et que le fascisme phallocratique lui avait interdit durant ses trop longues années de joug. Nous pouvons d'ores et déjà annoncer que trois femmes au moins siégeront en permanence dans le cadre du pouvoir collégial mis en place autour d'Alcide NIKOPOL. Ce pouvoir collégial, renforcé par une maigre poignée d'intellectuels sortis miraculeusement en vie des impitoyables prisons politiques fascistes, aura pour tâche, dès les prochains jours, de définir de manière généreuse les grandes lignes de la nouvelle marche en avant de la société parisienne.

FAITS DIVERS

LE PAPE EST MORT!

Le pape Théodule Ier (et dernier) est mort, moins des suites de sa grotesque chute, semble-t-il, que d'une crise cardiaque provoquée par l'annonce du changement de régime.

LA PYRAMIDE NOUS QUITTE

La mystérieuse pyramide volante, dont on ignore toujours tout des occupants, doit, selon des sources bien informées, quitter, aujourd'hui même, l'astroport de Paris-Sud pour une destination céleste inconnue.

LA RUBRIQUE MODE

MAQUILLAGE : NOUVELLES TENDANCES

Les nouvelles tendances du maquillage révolutionnaire se doivent de balayer les clowneries décadentes du fascisme.
Deux couleurs fortes : vert pour les lèvres et rouge pour cheveux, barbes, moustaches et autres pilosités pareront les visages et les corps. Le teint, lui, étant résolument blafard.

Détails et photos p. 9.

DERNIÈRE MINUTE

Éprouvé par son implacable lutte contre le fascisme, Alcide NIKOPOL, notre sauveur, a décidé de prendre quelques jours de repos bien gagné et par là-même de ne pas paraître en public.

NON, LE FASCISME N'EST PAS MORT!!! CONTRE LA VERMINE ROUGE NIKOPOLISTE, UNE SEULE ISSUE: LE TERRORISME!!!
Gogol d'Algol

CE JOUR MÊME, AU DESSUS DE LA VILLE...
RUE DE LA PAIX ! J'ACHÈTE !!!
... ET DANS LES SALONS DE L'ÉLYSÉE, Q.G. DU NOUVEAU POUVOIR RÉVOLUTIONNAIRE...
ALORS CAMARADE DOCTEUR, VOS CONCLUSIONS ?
UN CAS, À MA CONNAISSANCE, SANS PRÉCÉDENT...
CENTRE ST SAUVE
... LES MAUX DE TÊTE ONT DISPARU MAIS LE CERVEAU SEMBLE AVOIR ÉTÉ, PAR ENDROITS, VÉRITABLEMENT COMPRIMÉ, PRESQUE AMPUTÉ, BIEN QU'APPAREMMENT RIEN N'Y MANQUE... SON COEUR, LUI, A DE TOUTE ÉVIDENCE ÉTÉ RECONSTITUÉ (DE MANIÈRE INEXPLIQUABLE) À LA SUITE D'UN ÉCLATEMENT DÛ À UN OBJET POINTU... ET PUIS IL Y A ENFIN CETTE JAMBE EN ACIER, PROTHÈSE AUSSI RIDICULE QU'ÉTRANGE, QUI DE PAR SON POIDS, L'EMPÊCHE DE SE MOUVOIR NORMALEMENT...
MAIS BIEN ÉVIDEMMENT, LE PLUS GRAVE, C'EST LA PERTE DE LA RAISON CAR JE NE VOIS AUCUN MOYEN DE LA LUI FAIRE RECOUVRER... LE MALHEUREUX DÉBITE À LONGUEUR DE JOURNÉE DES POÈMES DE BAUDELAIRE, RESTE PROSTRÉ OU ÉCLATE DE RIRE POUR UN RIEN...
OUAIS... DIFFICILE D'EN FAIRE UN MODÈLE IDÉOLOGIQUE POUR LES PEUPLES...
HA HA HA HA HA HA
ÇA Y EST, ÇA RECOMMENCE...
ELYSEE
QU'ALLONS-NOUS FAIRE ? TOUT PARIS LE PERÇOIT COMME UN HÉROS, UN SAUVEUR... ET ON NE PEUT LE NIER, C'EST LUI QUI A TOUT DÉCLENCHÉ, MÊME SI SON COMPORTEMENT FAISAIT DOUTER DE SES MOTIVATIONS POLITIQUES PROFONDES...
FÂCHEUX EN EFFET...
NOTRE POUVOIR EST ENCORE TROP INSTABLE POUR...
LAISSEZ-MOI PASSER ! JE SUIS SON FILS QUE DIABLE !
QUE SE PASSE-T-IL ?
CENTRE ST SAUVEUR
60

UN FOU QUI...
JE SUIS NIKOPOL, ALCIDE NIKOPOL, LE FILS D'ALCIDE NIKOPOL
?!!
EN 1993, AVANT MA NAISSANCE, IL A ÉTÉ CONDAMNÉ PAR UN TRIBUNAL MILITAIRE À VINGT ANS D'ESPACE EN ÉTAT D'HIBERNATION... COMME BEAUCOUP D'INSOUMIS À CETTE ÉPOQUE IL DEVAIT EN FAIT SERVIR DE COBBAYE POUR UN HIBERNATEUR VOLANT RÉVOLUTIONNAIRE... LES GUERRES QUI ONT SUIVI AYANT INTERROMPU LA PLUPART DES PROGRAMMES SCIENTIFIQUES ON L'OUBLIA OU RENONÇA À LE RÉCUPÉRER... MOI, PENDANT CE TEMPS-LÀ ÉVIDEMMENT, JE GRANDISSAIS NORMALEMENT ET...
INTÉRESSANT, ÇA... D'APRÈS CERTAINES SOURCES MILICIENNES, LE MYSTÉRIEUX ENGIN ABATTU, IL Y A TROIS SEMAINES AU-DESSUS DU 2e ARRONDISSEMENT, AURAIT PRÉCISÉMENT ÉTÉ UN HIBERNATEUR FIN DE SIÈCLE...
ÉCOUTEZ, JE SAIS QUE ÇA PEUT PARAÎTRE ABERRANT QU'IL SOIT MON PÈRE EN AYANT PRATIQUEMENT LE MÊME ÂGE QUE MOI, MAIS J'EN AI L'EXPLICATION SÛRE ET CERTAINE !
DITES TOUJOURS...
JE CROIS DE TOUTE FAÇON QU'IL TOMBE À PIC, CAMARADES... QU'EN DITES-VOUS ?
MMM... LA RESSEMBLANCE EST FRAPPANTE...
QUELQUES MINUTES PLUS TARD...
CAMARADE NIKOPOL, VOICI... EUH, VOTRE FILS ALCIDE QUI A ACCEPTÉ, EN ATTENDANT VOTRE RÉTABLISSEMENT, DE PRENDRE VOTRE PLACE AFIN HEU... D'ASSURER EN QUELQUE SORTE VOTRE PRÉSENCE AUPRÈS DU NOUVEAU PEUPLE PARISIEN...
PAPA !?
...TU IGNORAIS SANS DOUTE MON EXISTENCE... MAIS JE SUIS BIEN TON FILS... À TOI ET À CLÉMENTINE MORGANIDON... JE...
“Ô TOI...
61

DES SEMAINES ONT PASSÉ. LE NOUVEAU POUVOIR COLLÉGIAL, ORCHESTRÉ PAR UN ALCIDE NIKOPOL-FILS PARTICULIÈREMENT MOTIVÉ, SE DÉBAT TANT BIEN QUE MAL AVEC SA NOUVELLE SOCIÉTÉ ÉGALITAIRE...

AUX PROBLÈMES ÉCONOMIQUES ET ÉNERGÉTIQUES VIENNENT S'AJOUTER DES MENACES DE GUERRES INTERURBAINES (NOTAMMENT AVEC LES VILLES DU NORD ET DE L'OUEST).

AUX PROBLÈMES DE CO-EXISTENCE AVEC LES RACES EXTRA-TERRESTRES, (LE NOMBRE DES ANGELOTS DE DIPHDA, QUI OCCUPENT NOTRE-DAME DE PARIS, S'ACCROÎT DE JOUR EN JOUR.) VIENNENT S'AJOUTER LES ATTENTATS TERRORISTES DE FRACTIONS FASCISTES EN VOIE DE RECONSTITUTION.

AUX PROBLÈMES DE FUSION ENTRE LES DEUX ARRONDISSEMENTS ENFIN, SONT LIÉS DE TERRIBLES RISQUES D'ÉPIDÉMIES ET DE MUTATIONS (MALGRÉ LA FERMETURE DE L'ASTROPORT ET DE LOUABLES MESURES DE DÉSINFECTION.).

PARIS 2023, FRAGILE MAIS LIBRE, S'APPRÊTE À VOGUER À VUE DANS DES EAUX BIEN TROUBLES, SANS SON LIBÉRATEUR, LE MALHEUREUX, L'INFORTUNÉ, LE PITOYABLE **ALCIDE NIKOPOL.**

FIN

TEXTE - DESSIN - COULEUR. ENKI BILAL